JN282515

「もうムリ!」
しんどい毎日を変える41のヒント

石原加受子

祥伝社黄金文庫

はじめに……ほんのひとつ変えるだけで、幸せは次々にやってくる

もしかしたらあなたは、「物事を成し遂げるには、じっと耐えなければならない。どんなときも、苦労はつきものだ」などと思い込んでいないでしょうか。

もしもあなたが、無意識に、そんなふうに信じているとしたら、あなたは、わざわざ「困難な道」を選んで歩いているといえるでしょう。

まったく同じ結果になるとしても、「人生は困難だ」と信じている人は、自分から困難な道を選んで、無駄なエネルギーを費やしていきます。

もともと私たちは、根っこに、あふれんばかりの成長欲求をもっています。自分を解放していけばいくほど、それに比例して、才能も能力も開花していきます。

自然に幸せになっていきます。

勝手に成功していきます。

精神的な豊かさも、物質的な豊かさも、あなたの意のままになるでしょう。

でも、そのチャンスを奪っているのは、実は、ほかならぬあなた自身だといえるのです。


あなたが自分をつぶさに観察していくと、どの生活の、どの場面も、鏡のようにあなた自身を映し出していると気づくでしょう。それこそ「生まれてから死んでいくまでの一生」から、「一日の食事の仕方」や「呼吸の仕方」まで、すべてが同じように。


だからこそ、こう言えるのです。

あなたの生活のほんのひとつを変えるだけで、「ドミノ倒し」のように、簡単に、「人生が一変してしまう」と。

ドミノが倒れ尽くすと、そこにあらわれるのは、驚くようにまばゆい「まったく新しいあなた」です。

しかしそれは、「もともとあなたの中にあったもの」で、あなた自身が、それに気づかなかっただけなのです。

はじめに

そんな奇跡を、あなたはこの瞬間から起こすことができるでしょう。

本書を単純に「ゆっくりと、実感して味わって読む」

そうやって読んでいくうちに、あなたは自分の中に、穏やかな自信を感じるでしょう。

それからほんのちょっと実行すれば、「いいこと」が勝手に起こりはじめて、次々に幸せが手に入ります。

あなたが「潜在的にもっている能力」のすごさを、あなた自身が、実生活で体験してみてください。

石原《いしはら》　加受子《かずこ》

STEP 1

「イヤなこと」には、手をつけない！

「しない」と決めると、かえってうまくいく不思議

CONTENTS

STEP 2

他人のことは、見なくていい

誰とでもうまくいく「いつもゴキゲン」の秘密

STEP 3

「気持ちいいこと」を最優先

「心地よさ」が「いいこと」を連れてくる

STEP 4

感情にまかせても、だいじょうぶ

素直な自分を表現すれば、味方は必ず現われる

\ STEP /

5

運命は、「小さなこと」でガラッと変わる

やってみた人だけが知っている
シンプルな法則

CONTENTS

STEP 6

だから、新しいことをひとつだけ

いつの間にか自分が変わり、運命が変わる

\OMAKE/

+1

こうするだけで、心に羽根がはえてくる！

単純に実行すれば、簡単に未来が開けてくる

\ STEP /

1

「イヤなこと」には、手をつけない！

「しない」と決めると、
かえってうまくいく不思議

HINT 01

「考える」のをやめちゃおう

どうしても答えがみつからない。

なかなか決心がつかない。

こうしようと決めたはずなのに、時間が経つとまた迷いはじめてしまう。

これでよかったのかと、しばらくすると悩んでしまう。

けれども、

「いくら考えても考えても、答えが出ない」

そして最後には、

「もう、どうしていいかわからない」

もしあなたが、こんな気持ちになっているとしたら、

「私が迷ってしまうのは、この問題をあまりにも複雑にとらえ過ぎているから

なんだ」

とつぶやいてみましょう。そうつぶやくだけで、少し楽になるはずです。

どちらを選んでも悔いが残る

いくら考えても答えが出ないときは、「考えても、無駄」です。

それは、あなたがどちらを選択しても、その問題は結局解決しないからです。

あなたの無意識は、そのメリットとデメリットの両方を熟知しています。

たとえば、あなたが、

「仕事を辞めるかどうか」

あるいは、

「恋人と別れるかどうか」

で悩んでいるとします。

こんな問題で迷っているとき、どちらを選ぶにしても、そのメリットとデメリットは、五分五分の状態です。

だから、「いくら考えても、考え過ぎて疲れるだけ」なのです。

そんなときは、こんなふうにつぶやきましょう。

「私がこんなふうに迷うのは、無意識が、まだ答えを出さないほうがいいと、教えてくれているんだ」

いますぐに、決めなくてもいい

あなたの脳は、全身に供給される酸素量の、実に約20パーセントも消費しています。

肉体的な運動をしなくても、脳の機能を維持しているだけで、エネルギーを消耗しています。

とりわけ否定的思考は、大量のエネルギーを消費させます。

あなたが「考え過ぎて疲れている」ときは、あなたの脳が「もう考えても無駄だから、やめて」と、ストップすることを訴えているのです。

それを無視して無理やり脳を酷使しようとすると、その抵抗力も加わって、さらにエネルギーを消耗し、疲れていくでしょう。

こんな状態でアレコレ考えても、無益に疲労困憊《こんぱい》するだけです。

かえって、間違った選択をしやすくなります。ですから、

「ああ、もう、脳が疲れてしまっているんだな。いまの状態では、どう考えても、まとまるわけがない。考えても無駄だっていうことだ。どうせまともな考えは浮かばないから、いまは、脳を休ませよう」

そう決めたほうがまだ賢いのです。

毎日を変える POINT

「いくら考えても答えが出ない」

↓

「まだ答えを出さないほうがいいって教えてくれているんだ」

\HINT/

02

面倒な努力はしない

なにか問題に直面し、それを乗り越えようとしているとき、

「自分が変わるしかない。努力しなければならない」

こんな言葉を頭の中で繰り返しつぶやきがちです。

そうやって自分を急《せ》かせれば、さらに、

「あれもしなければならない。これもしなければならない」

「あれもまだ、やっていない。これもできていない」

と、絶えず追い立てられているような気分になっていくことでしょう。

しかも、そんな言葉を無意識に繰り返すたびに、あなたの中にどんどん焦りが生まれてきます。

そのことに気づかなければ、その焦りから、

「朝、ジョギングをして、新聞も本も読まなければならない。パソコンも覚えて、部屋の片付けをして、健康のために運動をして、セミナーに参加して……」

といった具合に、同時にいくつもの「努力」をしようとしてしまうでしょう。

「焦り」をまず、落ち着かせて……

客観的にみれば、そんなにたくさんのことができるわけがありません。

当然のことながら、その大半が中途半端に終わってしまいます。

ところがあなたは、

「ああ、また、だめだった。これもだめだった」

と、すっかり自信をなくして、自分を責めたり、罪悪感に駆られたりします。

そしてとうとう、

「努力しても急には変わらないし、もう、努力するのが面倒になってしまった」

と、諦めて、投げやりな気持ちになってしまうのです。

でもそれは、決して、あなたの努力が足りないからではありません。

あなたが怠け者だからでもありません。

焦りから、あれもこれもとせわしく手を出そうとするので、続けるのが面倒になってしまっただけなのです。誰だって、同時にいくつものことをやり遂げようとすれば、途中で嫌になって投げ出してしまいたくなります。

あなたが「いつも中途半端に終わってしまう」と思うのは、当たり前のことなのです。まずは、それを自覚しましょう。

しなくてもいいんだ！

あなたが「努力するのが面倒だ」と感じてしまうのは、あなたの努力が足りないからでも怠け者だからでもなく、単に、「いくつもの面倒なこと」を「しなければならない」と思い込んでいるからです。

だから、あなたが面倒だと感じるときは、それを「しない」ことからはじめましょう。「面倒な努力はしない」と心に決めて、ためらいもない気持ちで「しない」選択をするのです。

もう一度、

「面倒な努力はしない」

こんなふうに自分で「しない」と決めて、その選択に自信をもつ。そんな「自分の選択を信じて認める」感覚を、からだで実感することができれば、あなたは、集中してひとつのことがやりたくなっていくでしょう。

毎日を変える

POINT

「あれもこれもしなければいけない。まだやっていない、できていない」

↓

「面倒な努力はしない」

HINT 03

飽きっぽいのは悪いことじゃない

いくつも転職の経験がある。

カルチャーセンターや趣味の教室に「通っては、やめる」を繰り返す。

いろんな通信講座を申し込んでも、やっぱり長続きしない――。

もし、あなたがそんな人だったとしたら、おそらくあなたは、

「なんて私は飽きっぽい性格なんだろう。何をやってもダメなんだ」

と自分を責めているのではないでしょうか。

確かに、一般的には、そういう評価をされるでしょう。

けれども見方を変えれば、それは、飽きっぽいわけではなく、

「自分がやりたいと思うものに、まだ出合っていないだけなのだ」

と考えることができます。

あなたが十年二十年三十年と生きていれば、その年月をかけて、必ず、何らかの卓抜した才能を磨いています。それが何なのかが、まだはっきりつかめていないだけなのです。

試してみることに価値がある

あなたは自分のことを、「何をやっても飽きっぽい性格だ」と信じているのでしょう。さまざまなことに「手を出してはやめて」を繰り返し、「何ひとつ、自分の身になっていない」

とあなたは嘆きます。

でも、ほんとうにそうでしょうか。

あなたの無意識は、あなたがこれまでやってきたことを、「統合させていく」力をもっています。これが無意識の本質なのです。

まったく無関係なことを、転々と繰り返していると思えても、長期的な目でみれば、そのすべてが「意味のあるもの」として、関連をもっています。

ですから、あなたの視点が定まらないとしても、それはあなたが飽きっぽい性格だからではなくて、心をときめかすものに、まだ、出合っていないだけなのです。

あなたは、いろんなことをして、自分の才能を生かすための「出会いのチャンスを作っている」のです。

「やめる」ことに罪悪感をもたない

いまやっていることを途中でやめるとき、「またやめてしまった。またできなかった」と自分を責めてしまうと、自分を責めることにとらわれて、自分の心をときめかすものとの出合いに気づきません。

いまやっていることを、途中で「やめた」とき、「ああ、またやめてしまった。私ってなんて駄目なんだ」と、自分にダメ人間の烙印《らくいん》を押してしまうか、

「これは私には合わないから、やめよう」

と意志をもって、気持ちよく「やめる選択」をしてやめるか。

どちらも「やめる」のは一緒ですが、心の中の思いは「正反対」です。

どちらの思いを選択するかで、まったく別の道へと分かれてしまいます。

もしあなたが、「やめたい」と思って「やめた」とき、

「私は、やめたいという自分の意志を尊重できたのだ」

そう、心から自分を評価できれば、いつかあなたは、自分の才能を生かすものに巡り合うに違いありません。

毎日を変える
POINT

「またやめてしまった。またできなかった」
↓
「やめたいという自分の意志を尊重できてよかった」

HINT

04

「頑張らない」が成功のコツ

おそらくほとんどの人が、「頑張らなければ、成功しない」と思いこんでいるに違いありません。

もちろん、物事を成功させるには、「やり続ける」ことが鉄則です。

けれども、同じ「やり続ける」でも、「頑張って」やり続けることと、「楽しみながら」やり続けることでは、意識がまったく異なります。

さて、ここに二人のあなたがいます。

ひとりは、「頑張る」あなたです。

別のひとりは、「頑張らない」あなたです。

この二人が、会社の新企画で、まったく同じ試作品を作り上げました。

どちらのあなたも、試作品を作り上げるのに一週間かかりました。

「頑張る」あなたは、なかなか作業が進まなかったので、徹夜をして頑張りました。あなたは、自分が立てた計画通りいかないと気がすまないのです。

徹夜した次の日、すっかり一日のリズムが狂ってしまいました。

まだ興奮状態なので、神経が高ぶって眠ろうにも眠れません。

かといって、睡眠不足のために、頭はもうろうとしています。

こんなあんばいで、徹夜をした翌日は、丸一日、つぶれてしまいます。

無理をしないほうがうまくいく

他方、「頑張らない」あなたは、自分のからだの状態をよく知っています。

あなたは、何が何でも仕上げようとするのではなく、時間を決めて動きます。

八時までやろうと決めたら、八時で切り上げます。

「今日は、三時間やろう」

と思ったら、三時間だけ、デスクに向かいます。

これが「頑張らない」あなたのやり方です。

あなたは、ダラダラやっても、疲れるだけで非能率的だと心得ているのです。

また、途中で疲れてきて頭が働かなくなったら、早目に切り上げて、熟睡してから、翌日にやりはじめます。

そのほうが、頭が冴《さ》えて、いいアイデアも浮かびます。

疲れたら無理をしないほうが、物事はうまくいくと知っているからです。

それに、精神的に自由でいられるために、長時間でも、楽しくやることができます。

楽しくなくなったら休むことができるから、同じ作業を、まるで「難行苦行をするようにつらい」という受け止め方はしません。

同じことをやっても「大変さの量」が違う理由

このようにして、「頑張る」あなたは、徹夜して、眠気を抑えて、一週間、苦痛の中で試作品を仕上げました。

「頑張らない」あなたは、楽しみながら、ふつうの生活を維持しながら試作品を仕上げました。

この両者の違いは、単に時間の使い方にあるだけといえるでしょう。

歯を食いしばって「頑張る」人は、自分が苦労していると信じていますが、客観的に、「時間の使い方」がまずいために、「苦労している」だけということになります。

この例のように、結果はまったく同じになったとしても、「頑張る」人は、わざわざ苦労するような方法を、選んでいくのです。

さあ、あなたは、どちらのあなたでいたいですか。

毎日を変える
POINT

「徹夜をしても頑張ろう」
↓
「時間を決めて切り上げよう」

HINT 05

尽くさないほうが、愛される

あなたが親しい人に愛されたいと思っているとき、

「私がやさしくしていれば、きっと恋人は私を愛してくれる」

というふうに考えていないでしょうか。

ところが、そう信じて努力するのに、あなたの望む愛が返ってきません。

するとあなたは、

「これはきっと、自分の尽くし方が足りないのではないか」

そう思って、さらに尽くします。それでもなお、彼は、あなたを愛してくれるどころか、もっとわがままになっていきます。

そんな態度に、

「どうしてなんだろう。どこがいけないんだろう」

などと、あなたは悩みます。

間違った愛は、「都合のいい女」をつくる

もしあなたの愛が、こんなふうに裏切られていくとしたら、あなたの愛し方が、間違っていると思ってください。

たとえば、あなたの親しい人は、仕事が遅くなると、あなたをタクシー代わりに呼び出します。あなたは親しい人に嫌われないために、車を飛ばして迎えに行きます。

いま、あなたがこんなパターンを繰り返しているとしたら、親しい人は、あなたに心から「ありがとう」と言ってくれていますか。

ここでもし、あなたがそれを断ったとしたら、どういう反応をするのでしょうか。

おそらくあなたは、これまでのことを感謝されるより、

「いつもすぐ、迎えに来てくれるのに、どうして来てくれないんだ」

と、不機嫌になる相手の姿を、目の当たりにするでしょう。

あなたは、心から幸せと感じながらその人に尽くしているのでしょうか。

それとも、その人の愛を得たいために、愛されるようにと、不幸せな気持ちを抱きながら尽くしているのでしょうか。

あなたがどんなにその人を愛していても、あなたが尽くすことで、二人の関係がいっそう悪くなったり、あなたが苦しくなるのだとしたら、その愛し方は間違っているのです。もしかしたらあなたは、親しい人を、

「傷つけるのではないか」

と恐れているのかもしれません。

が、あなたが自分を犠牲にするのは、自分自身を傷つけることなのです。

決して望ましい行為ではありません。

自分を大事にできる人は、人からも大事にされる

しかも、あなたがどんなに犠牲になっても、その愛はむくわれません。恋人

でも、夫婦でも、親子でも、家族や仕事関係でも、同じ結果に終わります。

あなたが親しい人を愛していて、大切に思っているのはわかります。

それでも、あなたがつらくなる愛し方は、本当の愛情ではないのです。

ときには、相手の要求を断ることが、本当の愛情だということもあります。

あなたが、そうすることが「つらい」と感じているときは、あなたは自分を犠牲にしています。

親しい人からの愛が得られるのは、あなたがそんな犠牲をやめていったときなのです。

毎日を変える
POINT

「私がやさしくしていれば、きっとあの人は私を愛してくれる」
↓
「好きでも、自分を犠牲にするのはやめていこう」

HINT

06

「しなければならないこと」を点検してみよう

あなたは「したくないことは、しない」と考えることができますか。

それとも「したくなくても、しなければならない」と考えてしまうほうでしょうか。

男だから、しなければならない。

女だから、しなければならない。

夫だから、妻だから、主婦だから。母親だから、父親だから、子供だから。

職場では、社長だから、上司だから、部下だから、派遣社員だから。

あるいは、女らしく、男らしく。

主婦らしく、夫らしく、妻らしく。

母親らしく、父親らしく、子供らしく。

社長らしく、上司らしく、部下らしく、派遣社員らしく。

こんなラベリング（レッテルを貼ること）されたもののほとんどが、よくよく突き詰めていけば、しなければならないことではなくて、「してもしなくてもいいこと」です。

これらは、いわば、あなたがそうあるべきだと信じてつくり出しているイメージです。イメージという虚像に自分を当てはめようとするとき、あなたは、「しなければならない」と考えはじめます。

「頭」を優先するか「気持ち」を優先するか

一方、「したくないことは、しない」という発想は、自分の気持ちや感情を優先しています。

この違いに、あなたは気づいているでしょうか。

「しなければならない」というのは、あなたが頭で考えていることです。

「したくないことは、しない」という決断は、自分の気持ちや感情に重点が置かれています。

たとえば、「会社には、毎日行くのが務めというものだ」というイメージに縛《しば》られているあなたがいるとします。するとあなたは、「だから会社に行かなければならない」と発想するでしょう。さらに、会社に行かないと、「許されない。認められない。出世できない。置き去りにされてしまう」などといった思考へと発展していくでしょう。

それに対して、ラベリングされたものの一切を払い落として、ただ、あなたの感情のほうに焦点を当ててみるとどうでしょうか。

「今日は、精神的にクタクタで疲れているから、病気ではないけれども、休息が必要だから、休んでゆっくりとしよう」

これは、あなたの気持ちや感情を大事にした発想です。

心を強制しないと、やる気は泉のように湧く

では、前者と後者のどちらのほうが、会社に行きたくなると思いますか。

むろん、後者のほうです。

なぜなら、男らしく、女らしく、男だから、女だからという「思考」は、あなたの気持ちや感情を無視して、あなたの心に強制するものだからです。

そんな強制は、あなたをつらくさせて、やる気を失《う》せさせていきます。

後者の「したくないことは、しない」というのは、自分の感情や気持ちを優先しています。

こんなふうに、あなたのやる気は、「思考」のほうに重点をおくか、自分の「気持ちや感情」を重視するかで変わってくるのです。

毎日を変える

POINT

「したくなくても、しなければならない」

↓

「したくないことは、しない」

\ STEP /

2

他人のことは、見なくていい

誰とでもうまくいく
「いつもゴキゲン」の秘密

HINT 07

他人をうらやましく感じたら

自分に自信がないと、相手のよい点や優れている点がわかっても、それを認めたくないものです。そのために、

「いい気になっていたら、失敗するぞ」

などとひがんだり、

「相手のよさを認められない自分は、大人気ない」

などと自分を恥じて、自己嫌悪に陥《おちい》ったりしがちです。

もしあなたが、そんなふうに考えてしまっても、そんな自分を許しましょう。

自分の中には優越感もあれば嫉妬心もあります。

自分のさまざまな思いに「よい悪い」と判定を下しても意味がありません。

後ほど述べますが、短所も長所もあなたの生かし方次第で変わりますし、否

定的な思いも、裏を返せば、「愛されたい思い」や「能力を伸ばしたい思い」だったりするからです。ですからまず、

「その時々でいろんな私がいて、いまの私は、こんな気持ちになっている」とつぶやいて、それで終わりにしましょう。

その後に、「だから私はダメなんだ」などと、続けてつぶやかないことです。

そうするだけで、少しずつ「自分を許す」感覚がわかってくるでしょう。

「自分が好き」な人は、他人にもやさしい

あなたが「いまの私」を許すことができると、次第にあなたは、相手の「嫌な点」も許すことができるようになります。

それに比例して、あなたは、自分の好ましい点もみえてきます。あなたの優れた点やよい点を、あなた自身が、認められるようになってくるのです。

なぜでしょうか。

それは、相手に対する見方も、自分に対する見方も同じだからです。

あなたが、自分を「好き」だと、相手の好ましい点がみえます。相手のよい点、優れている点を認められると、自己評価が高くなっていきます。

ほめ言葉は、自分のためでもある

たとえば誰かが、あなたのことをほめたとします。そんなとき、これまでのあなたは、

「いいえ、そんなことはありません」

と答えていました。それは、謙遜しているわけではなく、あなたの心の中に、「そんなことはない」と否定する気持ちがあったからではないでしょうか。

ところが、あなたが、相手のよさを平気で口に出せるようになるにつれて、

「ありがとう。私も、こんなところが、自分のよさだと思ってるんです」

「どうもありがとうございます。そうありたいと、努力しています」

などと、気持ちよく答えることができるようになっているでしょう。つまり、

「よかったね」

「すばらしいね」

「よく努力しているものな」

「たいしたもんだと思うよ」

「立派だよ」

と相手に言っている言葉は、実は、あなたが、自分のよさを口に出しているのと同じことなのです。

毎日を変える
POINT

「相手のよさを認められない自分は、大人気ない」
↓
「いまの私は、こんな気持ちになっているんだな」

HINT 08

自分の「欠点」「短所」は、使い方しだい

あなたは、自分のどこを長所だと思っていますか。

反対に、あなたは自分のどこが短所だと思っていますか。

ではここで、あなたの「長所」と「短所」を書き出してみてください。書いていくと、あなたは、あることに気がつくはずです。

ひとつの例を挙げてみましょう。

あなたは自分のことを、口べただと思っています。だからあなたは、人が楽しく会話をしているときも、つい、黙ってしまいます。そのせいもあってか、あなたは、人前に出るのが苦手です。

　電車の中でも、カフェでも職場でも、みんなが楽しそうな表情をして、会話が弾んでいる光景をみると、自分だけがのけ者になったような気がしてきます。

そんな光景を横目でみながら、

「あんなふうに楽しく会話ができたら、どんなにいいだろう」

と、あなたは思うのです。

そんなあなたは、長所について、「忍耐強い。努力する。集中力がある」というところを挙げました。実際、あなたは、何か興味のあることに取り組むと、もくもくと、何時間でも夢中でやってしまいます。

人はあなたのことを努力家だと言うけれども、あなた自身は、好きなことをやっているので、長時間であっても苦しいとは感じません。

口べたで非社交的の裏を返すと……

あるときあなたは、あるグループの仲間と数日間過ごすことになりました。

これまであなたは、

「人と一緒に楽しい会話をしたい。仲間と一緒に、毎日、いろんなところへ行ってワイワイ騒げたら、どんなに楽しいだろう」

そう思っていました。けれども実際に、毎日毎日、仲間と一緒にいると、息が詰まるような苦しさを覚えます。

「ああ、そうなんだ。いままで私は、仲間と一緒に楽しく過ごすのを夢みていたけれど、長時間、人と一緒にいるのは、苦痛なんだ」

と、そのときあなたは、つぶやいていました。

ひとりでいるのは気が楽です。むしろ、人に邪魔されないで、好きなことに夢中になっているときは、時間が過ぎるのも忘れてしまいます。

「ぜんぜん遊ばないね」と人に言われるけれども、あなたにとっては、好きなことに夢中になっているのが「遊び」なのです。創造する「よろこび」のほうが、娯楽で時間を過ごすより、楽しいのです。

性格に長所、短所はない

もう、気がついたでしょう。

あなたは「黙々と、ひとりで好きなことをして過ごす時間のほうが夢中になれるし、充実する」と感じています。

こんな性格を、否定的にみれば「口べたで、非社交的だ」といえるでしょう。

一方、肯定的にみれば、「忍耐強く、努力家で、集中力がある」といえるでしょう。

もしあなたが、いつも人と一緒にいるのが大好きで、喋《しゃべ》るのが大好きで、ひとりになるのが大嫌いだったら、「忍耐強く、努力家で、集中力のある」あなたにはなっていなかったでしょう。こんなふうに、あなたの性格に「短所、長所」はないのです。

それは、自分の使い方によって、長所にもなり短所にもなるものなのです。

毎日を変える
POINT

「自分の短所が嫌だなあ」
↓
「短所と長所は使い方が違うだけなんだ」

\HINT/
09

「いいところ」に着目すれば、「いいこと」が起こる

あなたはいままで、自分の欠点や短所に目を向けて、それを「直そう、直そう」として努力をしてきたかもしれません。

あるいは、

「私のこんなところが嫌い」

「自分のこんなところに自信がない」

と、自分の欠点や短所を次々に掘り起こしては、そんな自分を毛嫌いしていた人も、いるでしょう。

ところがあなたは、長所も短所も、実は、同じものだったということを知りました。

あなたがもっているひとつの道具が、いろいろな形に姿を変えていただけ

で、「短所がなければ、長所もないのだ」とわかったのです。

ここで改めて、あなた自身を振り返ってみましょう。

自分のいいところを探してみよう

あなたが思う、自分の「長所と短所」の合計を100％とすると、長所と短所の割合は、どうなっていますか。

長所の分量が多いでしょうか。

それとも、短所の分量のほうが多いですか。

その分量で、あなた自身が、自分を肯定的にみているか、否定的にみているか、それを確かめることができます。

「ああ、でもやっぱり、どうしても自分を肯定的にはみられないな」と、短所のほうが気になってしまうあなたがいるでしょうか。

心理学の法則でいうと、「そこに注目すれば、それはエスカレートする」というものがあります。短所を必死で直そうとすると、その強いこだわりがマイナスになって、よけいにその短所がエスカレートするということです。

それは、早く直したいという思いから、強引にやろうとして失敗したり、自分では適切なやり方を実行しているつもりでも、逆効果のことをやってしまうからです。

同様に、長所もそこに注目すると、それがエスカレートします。

長所と短所で100％だと考えてください。

だから、短所を直そうとするより、長所を伸ばしたほうがいいのです。

それも、長所を伸ばそうと「思う」より、どれだけその長所を「楽しむことができるか」が重要です。

そう考えれば、自分の欠点や短所を毛嫌いしても意味がないと思いませんか。

まるごとの自分を受け入れる

あなたに備わっている性格は、あなたの使い方次第で、長所にも短所にもなりうるものです。

それをあなたが、どういうふうに使うか。その使い方の問題なのです。

ですから、あなたにやってほしいのは、長所を伸ばすことです。

長所を伸ばすと、短所はその分だけ減っていきます。

それどころか、長所を伸ばすと、短所が気にならなくなっていきます。

自分の長所がいっそう誇らしく、自信がみなぎってくるために、自分の一部である短所も「まあ、こんな面もあるか」と愛《いと》しくみえてくるからです。

こうなったら、あなたは、「こんな長所があって、こんな短所もある私が好き」と、どんな自分であっても認められる自分になるに違いありません。

毎日を変える POINT

「私のこんなところが嫌い」
↓
「自分のいいところを伸ばしていこう」

\HINT/
10

「許せない他人」は、あなたの心を映す鏡

あなたが、相手に対して思っていることは、実は、あなたが、自分自身に対して思っていることです。相手のある部分が気になるとしたら、それは、あなたが、あなた自身の中にあるものを気にしているということです。

あなたが、まわりの人の好意を感じるとしたら、それは、あなた自身が、まわりの人に好意を抱いているからです。それはまた、あなた自身が、自分を「好き」だということでもあります。

あなたが周囲の出来事や物事をみつめるとき、あなたは、自分の「目を通して」物事をみます。

そのときあなたは、自分では客観的にみていると思っているかもしれません。

でも、あなたの目に映ることは、果たして、事実なのでしょうか。

もしも、あなたが色のついたメガネをかけていたとしたらどうでしょう。あなたが赤い色メガネをかけると、あなたの目に映る景色は、赤みがかってみえるでしょう。青い色メガネをかけていれば、その景色は、青みがかった色に映ります。

もしあなたが、生まれたときから色のついたメガネをかけているとしたら、あなたは、実際とは異なる景色を本当の世界だと信じて疑わないはずです。

こんなふうに、あなたはありのままをありのままにみているつもりでも、誰もが、いわば色のついたメガネでみるような、フィルターつきの目を通して外界をみているのです。

他人を否定したくなったときは

たとえば、あなたが相手に対して、「もっときちんとやりなさい」というふうに思ったとします。そんなときは、自分自身を振り返ってみましょう。

あなたが自分に対して「きちんとやりなさい」と、きびしい言葉を投げかけているのではありませんか。

あなたが自分に対して「きちんとしなければならない」と、自分で自分を縛ってしまうので、相手のことが気になって、そうしない相手を、責めたくなったり、許せないような気持ちになっていくのです。

ところがまったく同じ相手に対して、別の人は、「テキパキとはいかなくても、よく努力してるよ」と思うかもしれません。

自分を肯定的にみている人は、「わたし」の中の「許せない」部分より、「よく努力している」部分に、自然と目がいきます。

同じように、そんな人は、相手をみるときも、相手の「許せない」部分よりも、「よく努力している」部分に、目がいくのです。

他人を通して自分を知る

こんなふうに、「わたし」は、「あなた」のことを指摘しているつもりでも、実は、「わたし」が「あなた」に言っていることは、「わたし自身」を語っていることになるのです。

そういう意味で、「わたし」と「あなた」は、コインの裏表なのです。

だから、もし、「わたし」が「あなた」に対して、つい、きびしい言葉を投げかけているとしたら、それは、あなたが自分に対して「きびし過ぎるんだ」と気がついて、

「もっと、自分にやさしくしよう。許してあげよう。もっと肩の力をぬいていいんだよ」

そうつぶやいてください。

毎日を変える
POINT

「もっときちんとやればいいのに！」
↓
「自分にきびしくするのはよそう」

\HINT/
11
二人でいる時間を大切にするだけで、愛は育つ

「わたし」と「あなた」は、「わたし」が発信したものを「あなた」が受信し、「あなた」が発信したものを「わたし」が受信するというふうに、お互いに、影響を与え合っています。しかもそれは、瞳の光の色ほどのごくごく小さな、ミクロの意識をも、お互いにキャッチし合っているのです。

たとえば、あなたに恋人がいるとします。

あなたが頭の中で、「心から信じられる恋人がほしい」と考えたとします。けれどもあなたがそう考えたということは、無意識のところでは、恋人のことを「信じられない」と思い、その不信感を実感しています。

その恋人とケンカをしてしまいました。

ケンカのあと、あなたは何度も電話をするものの、連絡がとれません。

あなたは連絡がとれないので、だんだん不安になってきます。

あなたの信じた通りに現実は動く

こんな場合、あなたが不信感に駆られているとしたら、どんな発想をするでしょうか。

「もう会ってくれないんじゃないだろうか。嫌われてしまったんじゃないだろうか」

さらには、

「別の相手と会って、楽しくデートしているんじゃないだろうか」

などと疑いはじめます。

実は恋人は、仕返しの気持ちも働いて、居留守をつかっているのでした。

ようやく恋人が電話に出ると、あなたはその不信感から、「どうして電話に出なかったのか」と責め立てるかもしれません。

もしかしたら、今度はあなたのほうが、恋人からの電話に、意地を張って出ないかもしれません。

こんなとき、あなたの心と恋人の心は、音叉《おんさ》のように「共鳴作用」を引き起こしていきます。かりに二人が受話器を握って黙っていたとしても、その沈黙の中で、お互いの意識をキャッチし合います。

あなたの考えていることとおなじことを、恋人も考えています。

あなたが恋人を信じられなければ、恋人も、あなたのその不信感をキャッチして、あなたに対する不信感をつのらせていくでしょう。

そうやって、二人が「信じられない」と思っている通りの関係になっていくのです。

信じ合える関係をつくるためにできること

もしこんなとき、あなたが恋人を信頼していれば、理解し合うために、話し合おうとするでしょう。すぐに電話に出るでしょう。素直に謝り合うことができるでしょう。それ以前に、大きな争いにはならないに違いありません。

相手と心の行き違いがあったとしても、その行き違いのミゾをうめようと、心を開いて、話し合おうとするでしょう。

こんなふうに、「愛する人」を信頼していれば、お互いに、信頼感を高めるような行動をしていくのです。

「愛する人」との、そんな信頼感を育てるために、

「心を開いて、自分の気持ちを素直に言葉にして伝えよう。理解し合うために、話し合おう。話し合おうとする、その時間そのものをだいじにしよう。一緒にいて、こんなふうに話している時間そのものが貴重なんだ」

こういうふうに、つぶやいてほしいものです。

毎日を変える

POINT

「心から信じられる恋人がほしい」

↓

「一緒にいる時間そのものが貴重なんだ」

\ STEP /

3

「気持ちいいこと」を最優先

「心地よさ」が「いいこと」を
連れてくる

\HINT/
12
シンプルに考え、そのまま行動する

あなたが我慢しているとき、あなたは頭の中で、いろいろと、否定的なことを考えています。言い換えれば、我慢しているから、否定的な思考になってしまうともいえるでしょう。

もちろんこれは、何か買いたいものがあるけど、お金が貯まるまで我慢しようという、自分のための「建設的な我慢」とは、別物です。

たとえば、あなたは会社で、自分の仕事が一段落ついたので、仕事の手を休めてゆっくりしたいと思いました。

そのときあなたが、ふだんから「我慢しない人」であれば、「ひととおり仕事を終えたから、一服しよう」と、気軽に休憩できるでしょう。

ところが、ふだんから「我慢してしまう人」は、

「ひととおり仕事を終えたから、一服したい。だけど、いま休むと、みんなから、怠けていると思われるんじゃないか」

と考えます。さらにその後、

「ちゃんと仕事をしたのに、怠けているなんて思われたんじゃ、たまったものじゃない」

などと、一人二役の会話をして、勝手に腹を立てていきます。

すでにここで、あなたは想像の世界の中で、相手と対立関係になっています。

そんな対立的な気持ちを、あなた自身が抱いているから、

「もし、一服しているとき、なに怠けてるんだと言われたら、どうしよう」

などと、相手が文句を言ってくる場面を思い描いて、恐れを抱きます。

そして結局、一服したいのを我慢するのです。

仮に、

「なに怠けてるんだ」

と言われるようなことが実際に起こったとしても、「我慢しない人」は、

「いま、一段落ついたから、一服しているところです。少し休んでから、また仕事につきます」

と答えることができるでしょう。

よけいなことは考えない

ここでちょっとイメージしてみましょう。

あなたは、デスクでパソコンに向かっています。仕事が一段落つきました。

「コーヒーでも飲んで一服したいから、休憩しよう」

あなたは、そう心の中でつぶやいて、スッと席から立ちました。考えてから行動するまでの間に、それ以外のことは考えていません。こんなふうにシンプルに考えて行動すると、その気持ちよさが、実感できるはずです。

では次に、「思考」と「行動」の間に「よけいな思考」を入れてみましょう。

「コーヒーでも飲んで一服したいから、休憩しよう」

このとき、ふと、周囲を見回して、みんなの目を気にしながら、「でもみんなは休まないで、一生懸命働いている。ここで、私が立ったら、みんなは、私がサボっていると思うのではないだろうか」

こんなふうに思った瞬間、あなたは、席を立つにしても、そのまま仕事をつづけるにしても、「居心地の悪さ」を覚えるのではないでしょうか。

こんなふうに同じ場面でも「我慢する人」は、ムダに我慢してエネルギーを費やしていることが、はるかに多いのです。

毎日を変える POINT

「いま休むと、みんなから怠けていると思われるんじゃないかな」

↓

「シンプルに考えて行動する気持ちよさを実感しよう」

\HINT/
13
「快感」を味わう

もしかしたら、まだ自分では気づいていないかもしれませんが、あなたには、あなたにしかない才能や能力が備わっています。

けれどもあなたがふだん、繰り返し、

「どうせやってもダメだ。むずかしい。何の才能もない」

などと、否定的なことを考えたり、言葉に出したりしているとしたら、気づかない間に「否定的な感覚」になじんでしまっています。

「肯定的な感覚」になじむことが、自分の才能を開花させる秘訣です。あなたが「肯定的な感覚」になじんでくると、それに比例して、あなたの才能もどんどん伸びはじめます。

では、「否定的な感覚」を「肯定的な感覚」に変えていくには、どうしたらいいでしょうか。

それには、「五感の快感を味わっていく」ことです。

味覚、嗅覚、視角、聴覚、触覚、それぞれに、その感覚をリラックスして感じることができれば、すべて「快感」につながります。この「五感の快感」が、脳に刺激を与えて、脳細胞を活発にするのです。

肯定的な実感をすれば、脳細胞は活性化されます。

否定的な実感をすれば、脳細胞は萎《しぼ》んでしまいます。

脳細胞が萎んだ状態で、いくら頭に知識を詰め込もうとしても、それは、枯れた花に水をやるようなものです。

ところが、肯定的な実感をすれば、脳細胞は、才能という花を勝手に咲かすのです。

五感を生かした食事の仕方

あなたは、食事をするとき、テレビをみたり、新聞を読んだりしていませんかか。ときには、五感を生かして食べてみましょう。

たとえば、料理の盛り付けや、鮮度などの見た目はどうですか。

料理の匂いはどうでしょうか。

白いご飯は、どんな味がしますか。

かむと、歯ごたえも違うはずです。

舌ざわりや、喉の感覚はどうですか。

ゆっくり、味わって食べると、「食べることって、こんなにおいしくて気持ちいいんだ」と実感するはずです。それと同時に、落ち着く感じがすると思います。満たされた気持ちにもなってくるでしょう。

あなたの、食事で得るそんな気持ちいい感覚や、満たされた気持ちが、あなたの「否定的な信念をぬりかえていく」のです。

五感の気持ちよさを味わうと才能も伸びる

もちろん、食事でなくても、どんなことでもいいのです。それこそトイレ時の、排泄の気持ちよさを実感するだけでもかまわないのです。

こんなところから、五感を気持ちよく感じる生活にしていってほしいのです。

五感が育っていくと、あなたが何か物事に取り組むときも、そのプロセスそのものが楽しいと感じるようになるでしょう。

さらに、楽しければ、長く続くので、腕もあがります。

その相乗効果で、才能は放っておいてもぐんぐん伸びていくでしょう。

結局は、十分に五感の気持ちよさを味わうことが、才能を伸ばすことになるのです。

毎日を変える
POINT

「お腹いっぱいになればいいや」
↓
「ゆっくりと味わって食べよう」

\HINT/
14
「人付き合い」がラクになる方法

人付き合いが苦手だと悩んでいる人たちが、異口同音にいう言葉があります。

「どうしたら、人とうまくやっていけるのですか」

「何とかしたいけれど、どこから手をつけていいか、わかりません」

いつもこんなふうに思っていると、どんな気持ちになりますか。

これだけで、何かにすがりたいような絶望的な気分になってきませんか。

では、

「できるところからやってみよう」

そうつぶやくと、どうですか。なんとなく、できそうな気がしてくるでしょう。

たとえば、顔見知りと出会ったとき、立ち話をするにしても「何を話していいかわからない」という人が少なくありません。

「次に、何を喋ろうかと思って焦るから、とんちんかんなことを尋ねたり、答えたりしてしまうんです」

それをまた、あとで思い返して、自己嫌悪に陥ってしまうというわけです。

こんなときは、ただ「会釈する」ことだけを、練習してみましょう。

ちょっと会釈したら、そのまま立ち去る。

これが「できるところ」です。

まず、自分の気持ちをラクにする

この際、相手の目にどう映るかなどということを気にしてもはじまりません。
立ち止まって話をしても、あなたはどうせあとで、「うまく話せなかった」と後悔するでしょう。喋っても喋らなくても同じことなのです。
ですから、
気持ちよく会釈して、立ち去る。

そのとき注意してほしいのは、「どれだけ気持ちよく会釈して立ち去るか」です。なぜ、こんなことが大切なのでしょうか。それは、あなたが、「会釈して立ち去るのは、いけないことだ」と思い込んでいるからです。

あなたが、相手と喋るか喋らないかは、本来、あなたの自由のはずです。

けれどもあなたは、相手のことを気にして、

「話をしないと、相手にどう思われるだろうか」

「かげで、自分の悪口を言われるんじゃないだろうか」

「嫌われるんじゃないだろうか」

などと恐れて、無理に「話したくない」気持ちを抑えます。

実はこんなふうに、自分の気持ちを抑えてしまうから、あなたは、人と話すのがつらくなっているのです。

自分を認めるレッスン

自分の気持ちを抑えることをやめられれば、人と一緒にいても、苦痛ではな

くなっていくでしょう。少なくとも、その苦痛が減っていくのは確かです。

ですから、会釈するたびに「どれだけ気持ちよくできたか」、その分量だけをみていきましょう。

あなたが「気持ちよく」できる分量が増えればその分だけ、あなたは、自分の「気持ちや意志」を、あなた自身が、認めることができるようになったということなのです。

そんなふうに自分がやっていることを認められたとき、あなたは、相手と話すのが、「苦手」ではなくなるのです。

毎日を変える

POINT

「どうしたら、人とうまくやっていけるのだろう」
↓
「気持ちよく会釈をすることから
やってみよう」

\HINT/
15

「好かれたい」なら、相手の顔色をうかがわない

あなたは人に好かれたいと思うとき、どういう態度をとっているでしょうか。相手を傷つけないようにと、相手の顔色をうかがったり、相手の反応を気にしたりしていませんか。

ところが、あなたが、相手に嫌われるのを恐れて気を回していると、相手は、あなたがそんなふうに「気を回している」意識をキャッチします。そして、同じように、あなたのことが気になって、居心地の悪さを覚えます。

あなたが気をつかうから、相手も息苦しくなっていくのです。

その息苦しさから、相手は、あなたに声をかけにくくなっていくでしょう。

そうだとすれば、あなたは、ムダな努力をしていると思いませんか。

「言っていることはわかります。でも、どうしようもないのです。気にしない

でおこうと思っても、やっぱり気になってしまいます」

いま、そういうふうに反論したくなっている人はいませんか。

確かにそうです。

気にするなといっても、気になるのは当たり前です。むしろ、気にしないでおこうと思うと、よけいに気になっていくでしょう。

では、どうしたらいいのでしょうか。

他人の目を気にしなくてもいい理由

たとえばあなたが、ペットショップで、生まれたばかりの子犬をみかけたとします。

そのかわいらしいしぐさや表情に、思わず笑みがこぼれます。

こんなとき、あなたは、あたたかい、愛情のある瞳でその子犬をみているはずです。

思わずあなたの表情が、あたたかくゆるみます。

それは、あなたが無理につくっている表情ではありません。自然にこぼれる笑みです。いま、こんなふうにその光景を描写すると、あなたも、似たような場面を思い出して、あたたかい気持ちになっているのではないでしょうか。

この瞬間のあなたを、別の人がみたとしたら、どう感じるでしょうか。

まさにあなたの、そんな表情をみて、相手のほうもまた、ほほえましいと感じるでしょう。

そして、そんな気持ちをもっているあなたに、好意を抱くのです。

自分が愛を感じると、相手にも伝わる

こんなふうに、あなたが感じていると、それだけで、そんなあなたの思いが、相手に伝わります。あなたは、何も、相手のことを気にして、気をつかう必要はないのです。ただあなたが、あたたかい気持ちを感じることができると、それが相手に伝わって、あたたかい気持ちになるのです。

だから相手を気にするよりは、あなたが相手をみて、

「表情がいいなあ、こぼれるような笑顔が印象的だなあ。握った手があたたかいなあ。肩幅が広いなあ。横顔が素敵だなあ。唇が魅力的だなあ」

あるいは、

「ちゃんと話を聞いてくれてありがとう。電話をしてくれて、うれしいなあ。いつも会ってくれて、幸せだなあ」

などと、あなたがあたたかい愛を感じれば、相手もあなたをみて、あたたかい愛を感じるのです。

ですからあなたはただ、愛を感じるだけでいいのです。

毎日を変える

POINT

「人に好かれたい」

↓

「私が相手と一緒にいて、好きという気持ちを実感しよう」

HINT 16

「したいこと」を迷わずする

あなたは、どんなときに「やる気」を感じていますか。

あるいは、どんなときに「やる気が起こらない」と感じていますか。

それともあなたは、いつもやる気を感じていますか。

いつもやる気が起こらないと感じていますか。

この違いはどこにあるのでしょうか。

結論を言うと、自分がやっていることがどんなことであっても、「気持ちがいい」と感じられる人は、他のことをやっても「気持ちがいい」と感じることができるでしょう。

反対に、いまやっていることを「面倒くさい。やる気がでない。つまらない」と感じてしまう人は、どんなときも、やる気をなくしていくでしょう。

脳には前頭葉《ぜんとうよう》という分野があり、この分野が刺激されると、イメージ力や創造力が豊かに伸びていきます。この分野と直結しているのが「やる気」です。やる気というのは、一種の快感です。不快な気分ではやる気は起こりません。

実は、快感が起こるのは、「心とからだが調和している」ときです。

その調和が、心地よいと感じさせるのです。これを、「体感・思考・感情・行動」が一致している状態といいます。

やる気を育てる方法

たとえば、ここで、あなたが、

「さあ、お風呂に入ろう」

と考えました。

あなたはそれ以外、何も考えずに、お風呂に入りました。

あなたは、あたたかい湯船の中にからだをしずめます。

白い湯気が立ちのぼり、肩までお湯につかって、その気持ちよさを味わいます。

こんなとき、あなたは、「ああ、気持ちがいい」と感じられるはずです。

それはまさに、あなたが「お風呂に入りたい」と思い、実際に「お風呂に入って」、その気持ちよさを「味わっている」からです。

これが「体感・思考・感情・行動」が一致している状態なのです。

ですから、

好奇心でワクワクする。

これをやると心が弾む。

新しい発見をして、興奮している。

こんなやる気を育てるには、あなたが「したい」と思うことを、迷わず「する」ことなのです。

心と行動を一致させる

「したい」気持ちと「する」行動が一致しているとき、あなたは、五感を総動員させて、夢中になっています。

気持ちと行動が一致した快感が、「気持ちいい、楽しい、面白い」と感じさせ、それがやる気を起こして前頭葉を刺激して、さらに快感が増して、いっそうやる気が起こるというわけです。

ですから、やりたくないことを嫌々やるよりも、やりたいことをやっていく。

また、やりたくないときは、やめる。これも大事です。

こんなふうに、「体感・思考・感情・行動」を一致させて、その「気持ちよさ」を味わっていくほどに、「やる気」がみなぎってくるのです。

毎日を変える
POINT

「やる気が出ないなぁ」
↓
「やりたいことをやっている
気持ちよさを味わおう」

\HINT/
17

小さなラッキーから大きな成功をつかむコツ

「成功する」という言葉を聞くと、あなたは、どんなイメージを抱くでしょうか。

出世する。

大金持ちになる。

有名になる。

地位や名声を得る。

もしあなたが「成功する」をこんなふうにとらえているとしたら、とてもハードルが高そうに感じられませんか。

そのときあなたが、すでに成功した人を頭の中に思い浮かべて、

「あの人と私は違うから」

「あの人は特別だから」

「僕には、そんな能力はないから」

そんなふうにつぶやいているとしたら、あなたは、自ら、成功を捨てていると言えるでしょう。

1%の成功をよろこぶ

仮にあなたの中に、そんな「成功しない」イメージがあるとしても、それをくつがえす方法があるので、安心してください。

それは単純に、「小さな成功を実感する」ことです。

成功をよろこぶ感情の「感覚」は、1%の成功でも100%の成功でも同じです。

たとえば、お金を手に入れたとき、一円では「チェッ」と思っても、一万円だったら「ホクホク」という気持ちになるのは、金額の差に焦点が当たっているからです。

ところが、

「どちらもお金だ。お金が入ってよかった」

というふうに「お金を得た」ところに焦点を当てれば、一円でも一万円でも、

「お金が入って、よかった」

とよろこぶことができるでしょう。

これが「1％の成功をよろこぶ」コツです。

よろこびが成功を連れてくる

1％の成功をよろこぶことができる人は、「自信」の相乗効果で、どんどん成功率をあげていきます。

反対に、1％の成功をよろこぶことができない人は、99％の失敗を心配します。そういう人は、仮に99％成功しても、残りの1％の失敗を悔やみます。

言い換えれば、1％の成功をよろこばないで99％の失敗を悔やむ人は、1％の失敗も悔やみます。

しかも、その1%の失敗を、まるで100%失敗したかのように感じてしまうために、その「敗北感」の相乗効果で、どんどん失敗率を高くしていくのです。

つまり成功も失敗も、原則は同じなのです。

ですからあなたが、この原則を「成功」のほうに生かそうと思うなら、いま、「1%うまくいったこと。成功したこと」

それを実感していく。

それだけで、あなたはすでに「大きな成功」を手に入れているのです。

毎日を変える

POINT

「私には能力がないから」

↓

「1%でもうまくいったらよろこぼう」

\ HINT /
18

「頭」よりも「気持ち」を優先する

あなたは心の中で、

「～したほうがいいのだろうか。しないほうがいいのだろうか」

というようなつぶやき方をしていないでしょうか。

こんな思考にとらわれていると、次第に「自分の気持ちや感情」を忘れていきます。

ふだんから「自分の気持ちや感情」を大事にしている人は、たとえば、まったく心当たりがないのに、会社の同僚から嫌がらせを受けているとしたら、「少し、話し合う時間をとれないだろうか。もし私があなたを傷つけるようなことをしたのなら教えてほしいんだ」などと、相手に率直に働きかけることができるでしょう。

それは、「こんな気持ちで仕事をするのは嫌だから、納得したい」という自分の感情を大事にできるからです。

ところが「自分の気持ちや感情」を無視している人は、

「どうしたほうがいいのだろうか。やっぱり、波風立てないほうがいいんじゃなかろうか」

などと、じっと感情を抑えながら、相手のことをあれこれ詮索《せんさく》したり、心の中で責めたりしながら、いつの間にか、精神的に振り回されていくのです。

この二つの例のように、自分の気持ちや感情を大事にするか無視するかで、あなたの人生はまったく正反対になってしまうのです。

つぶやく言葉の「感覚」を大事にする

「〜したほうがいいのだろうか」

これは「思考」です。自分の気持ちや感情を無視しています。

それに言葉をつづけるとしたら、「どうしたらいいか、わからない」という

言葉になってしまうでしょう。一方、

「～したい」

これは「自分の気持ちや感情」です。あなたの、素直な欲求や願いや希望です。そして、

「～する」

これは、あなたの意志です。

この三つをつぶやくとき、どんな気持ちがするかを「感じて」、あなたの感覚で確かめてみましょう。その違いが、少しでもわかればいいのです。

もし、わからなければ、繰り返しつぶやいてみましょう。

言葉ひとつで未来は変わる

「～したほうがいいのだろうか」とつぶやくと、気持ちが揺れて、不安になってきませんか。「自分に自信がない」ような気持ちにもなるはずです。

「～したい」とつぶやくと、希望が湧き出て明るい気分になりませんか。

「～する」とつぶやくと、自分の中に、「明確な意志」があるような、力強さを感じるのではないでしょうか。

あなたがこんな「意志」をもっていれば、先の例のように、「こんな不快な気分でいるより、自分の気持ちをすっきりさせるために言おう」と、行動することを決意するでしょう。

そんな自分を育てるために、自分の「欲求や希望」や「意志」をあらわす言葉を、いま、繰り返しつぶやいて、その感覚の気持ちよさを味わいましょう。

その分だけ、あなたは、いま、自分の「気持ちや感情や意志」を大事にする感覚を覚えたことになるのです。

毎日を変える
POINT

「～したほうがいいだろうか。しないほうがいいのだろうか」
↓
「～したい」
「～する」

\ STEP /

4

感情にまかせても、
だいじょうぶ

素直な自分を表現すれば、
味方は必ず現われる

\HINT/
19

イライラ、クヨクヨにだって理由はある

「いつも元気で明るく、前向きで、バイタリティーに富んで、バリバリ仕事をする社交家」

こんなイメージの人を、自分の理想像にかかげていませんか。

では、こんな人物をイメージしながら、心の中でつぶやいてみてください。

そして、そうつぶやきながら、あなたの「気持ちや感情、からだの感覚」をチェックして、実感してみましょう。

どうでしょうか。明るい気持ちになりましたか。

前向きに「さあ、やるぞ」というような積極的な気持ちになって、やる気がみなぎってきたでしょうか。

それとも、からだが緊張してきましたか。何か、とてもハードルが高そうな

気がして、緊張で「はぁ〜」とため息が出そうになっていませんか。

感情を受け入れるとラクになる

では、面白くないときは、ブスッとしている。

無理に、愛想笑いをしない。

落ち込んでいるときは、落ち込んだままの表情でいる。

こんなふうに、自分の感情のままに任せると、気分はどうですか。

マイナス気分であっても、それを受け入れると、心が楽でいられるのが、わかるのではないでしょうか。

これが、自分の感情を受け入れるということです。

自分の心を無視して、無理に「いつも元気で明るく」しようとすると、元気でないときは、人に会いたくなくなっていきます。

元気のない自分に気づくと、まるで、自分が悪いことをしているような気分になって、自分を責めてしまいます。

そうやって自分の心を偽っていると、知らぬ間に、ありのままの自分を出すのが怖くなっていくでしょう。

無理をするからつらさが増す

ではもし、あなたが友だちから、素直に、

「今日は、落ち込んでいるから、黙っていたいんだ。でも一緒にいてほしい」

そう告げられたら、あなたはどんな気持ちになりますか。

「一緒にいるのは、真《ま》っ平《ぴら》だ」と思いますか。

それとも、あたたかい気持ちでそっと、そばに寄り添ってあげたいと思いますか。

逆に、そんな相手が、みるからに落ち込んでいるのがわかるのに、無理をして明るくふるまっていると、そばにいるあなたのほうが、つらくなってくるでしょう。

こんなふうに、マイナス気分を拒否しないほうが、あなた自身も、また相手も、心が安まるものなのです。

イライラには、イライラしたくなる理由があります。

クヨクヨには、クヨクヨしたくなる理由があるのです。

あなたがそんな気分になるのは、無意識が「そうなっている理由があるんだよ」と、教えてくれているのです。

ですから、マイナス気分を嫌わないでいたいものです。

マイナス気分は、それを受け入れると軽くなっていきます。

受け入れるという、その行為は、自分をいたわってあげるということだからです。

毎日を変える
POINT

「いつも元気で明るく」
↓
「落ち込んでいるから、黙っていたい」

HINT 20

「イヤなこと」には立ち向かわない

たとえば、あなたの上司が、容赦なく怒鳴ってきます。
あるいは、親がものすごい見幕《けんまく》で、あなたを責め立てます。
そんな場面に出合ったとき、
「逃げてはいけない」
と信じ込んでいませんか。
逃げたら負けだ。
「弱い自分」をみせると、なめられる。
逃げたら、弱みを握られて、不利になる。
といった具合に恐れを抱きながらも、踏んばろうとしていませんか。
そんな状況のとき、「逃げてもいい」と思っている人は、迷わずその場を去ることができるでしょう。

けれども、あなたのように「逃げたら負けだ」と信じている人は、怖くても、その場で踏ん張ろうとするでしょう。

あなたが、逃げないとしたら、

「怖さを抑えて、じっと耐える」

「怖さより怒りが勝って、恐れと怒りの両方から、感情を爆発させて争っていく」

そのどちらかで、いずれにしても、あなたはその「怖さ」から、解放されません。

つまり「逃げてはいけない」と信じている人ほど、「怖い目に遭う」確率が高くなるのです。

逃げられないほうが問題

私たちのからだには、自律神経というのがあります。

この神経は、私たちの生命を維持するために、さまざまな働きをしています。五臓六腑の機能をスムーズに動かしたり、発汗させて体温の調節をしたりといった作用を、自然に行っています。

この自律神経にはまた、「戦うか逃げるか」の反応が備わっています。

緊急事態に直面して「前に出るか、退くか」を迫られたとき、「どうするか」を決定して行動を起こす反応です。この機能があるから、あなたは、危険を察知したとき、前進するか後退するかの判断ができるのです。

もし、この機能が適切に働かないと、車が突進してきても、とっさに判断できなくなってしまいます。

ところが最近、怖くなると、逃げるどころか、小動物のように、身を竦《すく》ませて動けなくなってしまう人が増えています。身の危険が迫っているのに、逃げることができないとしたら、こちらのほうが重大問題です。

逃げた後に余裕が生まれる

そんな人は、もしかしたら「逃げたら負けだ」と意地を張っている人たちのなのかもしれません。

怖かったら逃げる。避難する。

これは自律神経の「自然な反応」です。

むしろ、自分の中に「怖かったら逃げる」という選択肢があって、「争いを回避できる」人のほうが、ほんとうの意味で「強い」といえるのではないでしょうか。

避難した後で、安全を確保しながら、問題解決の方策を練る。

怖いときは逃げたほうが、冷静に対処する余裕も生まれるのです。

毎日を変える
POINT

「逃げてはいけない」
↓
「怖ければ逃げよう」

HINT 21

「みんなと仲良く」なんて、できるわけがない

小さな子供が集まる公園で、親が子供たちに「仲良くしなさい」といいます。たいていの幼稚園には、「みんな仲良くしましょう」という標語が掲げてあります。

もちろん大切な言葉です。

けれども、心から仲良くできるのなら理想的なのですが、それが義務になってしまうと、「仲良くしなければならない」と自分に強制してしまうことになります。

どんな場合も、義務で自分を縛ると、つらくなってきます。

心の思いに反するからです。

親しいふりをしても、自分の心を偽ることはできません。自分の気持ちをご

まかそうとすると、いっそう相手のことが否定的にみえていくでしょう。

そんな思いで相手を好きになろうとしても、かえって、

「私はあなたのためにこんなに努力しているのに、あなたのその態度は何よ」

と相手を批判したり、責めたくなるだけです。

相手のことがどんどん嫌になっていけば、いつか抑え切れなくなって、大きなトラブルの種となっていくでしょう。

心に強制しない

ここで少しイメージしてください。

あなたは本音のところでは、Aさんが嫌いです。

あなたはAさんを含めた数人と話をしています。

Aさんが楽しそうに話をしています。

他の人も、笑顔でそれに応えています。

あなたも同じように笑顔でうなずきます。

そのときの、あなたの心の中は、どうなっているでしょうか。

もしあなたが、こんなイメージをして、気持ちよく笑顔ができるとしたら、あなたは、あなたの努力で、Aさんと仲良くできるでしょう。

けれどもあなたがこんなイメージをして、心を偽っていると感じるのであれば、多分、Aさんと仲良くなろうと努力しても、その努力は実らないでしょう。

なぜなら、あなたのその努力は、「仲良くしたい」という心からの思いではなくて、「仲良くしなければならない」という、自分の心への強制だからです。

「嫌い」を自分に許す

それよりも、あなたが嫌いであれば、素直に「嫌い」でかまわないのです。

嫌いと思うことを、素直に自分に許せば、必要以上に相手に近づかなくなるでしょう。無理に自分の心を偽って、相手にお世辞を言ったりしないでしょう。

相手を好きになろうとして近づく努力をするよりは、相手を嫌いだから「傷つけ合わない範囲の距離をおこう」と決めましょう。

むしろそのほうが、心理的争いは起こりません。

あなたの気持ちも楽なはずです。

嫌いだと自覚できたほうが、無理しないですみます。

離れたいと思ったら、離れることができるので、心が自由です。

心が解放されれば「嫌いな人」が、やがて、あなたの人生にとって「関係のない人」になっていくでしょう。

その相手が、あなたにとって「関係のない人」になれば、かえって「ふつうのつきあい方」ができるのです。

毎日を変える
POINT

「誰とでも仲良くしなければならない」
↓
「傷つけ合わないように距離をおこう」

HINT 22

マイナス感情であっても口にする

以下の言葉を、ひとつずつ、ゆっくりと声に出して読んでみましょう。

あなたが、いま、ここで実際に「やってみる」ことが、「自分を認める」ワークをしていることになります。

あるいは、肯定的なエネルギーを貯金して、「愛し合う」ためのワークをやっていることになるのです。

では、ひとつ読むごとに、あなたの気持ちや感情を、からだで感じてみてください。

読んだ後も、しばらくその余韻をからだで感じてみましょう。

「会いにきてくれて、うれしかった。

一緒に旅行できるので、楽しい。

仕事を手伝ってくれて、ありがとう。

問題が解決して、よかった。

うまくいったので、安心したよ。

元気になってくれて、ホッとしたよ。

引き受けてくれて、助かったよ」

どうでしょう。どんな気持ちになりましたか。

ここには、あなたも相手もお互いに「愛がある」と思いませんか。これだけで、あなたも相手も、愛に満たされます。これが「愛を実感し合う」ということなのです。

イヤな気持ちが軽くなる

では次のような、いっけん、マイナスの気持ちをあらわす言葉は、どうでしょうか。

「会えなかったので、私はさびしかったんだ。

理解してもらえないのが、私は悲しかったんだ。

嘘をつかれたのが、ショックだったんだ。

居場所がなくて、つらかったんだ。

怒鳴られたので、腹が立っているんだ。

期待したことが裏切られたので、むなしくなっているんだ」

こんなふうに、あなたが感じている「マイナスの気分や感情」を、言葉にしてみると、どうでしょうか。

多くの人が、自分の中のマイナス感情を毛嫌いします。そのために、それを打ち消そうとしたり、無視したり、抑えようとします。

しかし、

「イヤな気分になると思っていたけど、待て待て、ちょっと違うなあ」

そう感じる人はいませんか。

声に出して読んでいくだけで、心の中でくすぶっていたマイナス感情が、霧が晴れていくように薄らいで、心が安らいできませんか。

なぜでしょうか。

それは、あなたがマイナス感情を「受け入れた」からです。

マイナス感情も、私たちにとってはとても大切な感情です。

それを否定しないで、受け入れると、それが「心の癒《いや》し」につながるのです。

こんなふうに、プラス感情の実感は、あなたが「自分を愛している」実感でもあり、あなたが「相手を愛している」実感でもあるのです。

同様に、マイナス感情を受け入れると、それがあなたの心の癒しとなり、また、それが「自分を愛してあげる」ことになるのです。

毎日を変える
POINT

「こんな感情は嫌だなあ」
↓
「マイナス感情も
大切な感情なんだ」

\HINT/
23

傷ついた心を癒す方法

たとえば、お互いに信頼し合っていると思っていた親しい人が、あなたに重要なことを隠していて、あなたはそのことを第三者の口から聞いて知った、というようなことがあったとしましょう。

あなたはショックで深く傷ついたり、裏切られたような気持ちになってしまったりすることでしょう。

もし、あなたが強情な人なら、そんな自分の気持ちを「弱さ」だと思って認められないかもしれません。

何も聞いていないふりをしたり、平気なふりをしたりするに違いありません。

しかし、そのことが頭にこびりついていて、離れません。

それに触れないで、自然に接しようとしても、ついつい言葉が厳しくなったり、あるいは逆に素っ気なくなったりしてしまうかもしれません。

何より、あなたの心は「傷ついたまま」です。

表現することが「癒し」となる

傷ついた気持ちを素直に表現することができると、わだかまりは消えていきます。

もし、あなたがそのことを知っているなら、

「ちょっと、話があるんだけど、いいかなあ」

というふうに、その親しい人に話を持ちかけることができるはずです。

「ずっと気になっていて、それを解消したいから言うだけなんだ。大事なことは、私に打ち明けてくれると信じていたから、やっぱりショックだったなあ」

などと自分の気持ちを素直に言えた瞬間、あなたはホッとするでしょう。

これが、自分の気持ちや感情を大事にするということです。

傷ついているときは、それを表現していくことが、心の癒しにつながります。

さらにあなたが「自分の心を感じて」、それを言葉で表現できれば、それが相手の心に沁みて伝わります。

するとと相手も、

「迷惑をかけたくなかったんだ」

などと、本心を打ち明けてくれるでしょう。

こんな自己表現をしていくと、「自分をもっと出していいんだ」と自分を認められます。自分を大切にしていこうという「自己信頼」が育ちます。

あなたが素直に自分を表現していけば、相手のほうも気持ちが楽になるでしょう。

そこで相手も、あなたに影響されて、自己表現の仕方を学習するのです。

聞いてくれて、ありがとう

どんな話であれ、親しい人と一緒に過ごした時間そのものを「よかった」と実感してください。そんな「ありがとう」という気持ちを感じながら、最後に、

「話を聞いてくれて、ありがとう。時間をとってくれてありがとう。言えたから楽になったわ」

と感謝の気持ちを言葉で表現すれば、あなた自身が幸せになるでしょう。

結論や結果や気の利いたアドバイスは必要ありません。

「相手と一緒にいる時間」を幸せな時間にできれば、自然に、譲り合いや歩み寄りが生まれます。

強引に自己主張したり、ごり押ししなくても、自分の気持ちに忠実であろうとすれば、相手との調和の中で、好ましい結論が導き出されるのです。

毎日を変える

POINT

「こんなことで傷つくほど弱くないもの」
↓
「ショックだったんだって、いってみよう」

\ STEP /

5

運命は、「小さなこと」でガラッと変わる

やってみた人だけが知っている
シンプルな法則

\HINT/
24
人生を変える「ドミノ倒し」の法則

考えても考えても、解決に糸口がみつからないというとき、あなたはおそらく、その問題を漠然ととらえているに違いありません。どこかが間違っているのは、何となくわかるけれども、どこが間違っているのかが、わからない。

試験勉強でいえば、それはちょうど、「基礎」を忘れて、応用問題ばかりに走って、「問題が解けない、解けない」と嘆いているようなものです。

たとえば、

1＋1＝2。1＋2＝3です。

1×1＝1。1×2＝2です。

あなたが「そんなのは誰でも知ってることじゃないか」と思うのは、あなたが足し算と掛け算の基礎原理を理解しているからです。

あなたが足し算や掛け算の意味を知っていれば、どんなに数が大きくなっても、正確な答えを出すことができます。

原理さえ知っていれば、実に簡単です。

けれどもあなたが、「+」「×」という意味そのものを理解していなければどうでしょうか。

それでも、解かなければならないとしたら、あなたは、やみくもに、

1+3=4。1×3=3

という数式と解答を丸ごと暗記して覚えていくしかありません。

原理に気づかず、ことごとく丸暗記しようとすれば混乱してきて、問題が山積みのように思えてくるのも道理です。

自分の生き方のパターンを知る

こんなふうに、算数に基礎となる原理があるように、あなたも、あなた独自の「生き方のパターン」をもっています。

そんな自分の基礎になっている原理に気づかないと、なぜ自分がこんな問題を引き起こすのか、わかりません。

あるときあなたは、自分の中に「焦る」というパターンがあるのに気づきました。自分の日常を点検すると、あなたはやっぱり、あらゆるところで、焦りから、ミスを起こしていました。会社でも、この焦りのために、ミスを繰り返しています。

こんなとき、その焦りは、あなたの呼吸の仕方にもあらわれています。

その焦りは、喋り方にもあらわれています。

もちろん歩き方にも、行動の仕方にもあらわれています。

ひとつのパターンを変えると、すべてが変わる

そこであなたは、焦りを減らすために、呼吸を「ゆっくりとする」ように変えていきました。あなたが自覚して努力したのは、呼吸だけです。

ところが、あなたの呼吸が変わると、それにともなって、あなたの歩き方

も、喋り方も、行動も変わっていきました。

それによって、ほかのものも瞬く間に変わっていったのです。

このように、ひとつが変わると、それに呼応して他も変わります。

しかもそれは、まるでドミノ倒しさながらに、次から次へと変わっていくのです。

あなたがしたのは、ただひとつ「やりやすい」コマを「ひと押し」しただけ。

それだけで、ちょうどドミノのコマが倒れ、コマの中に忽然《こうぜん》とすばらしい絵が出現するように、すべてが一変するのです。

毎日を変える
POINT

「どこが悪いのかわからない」
↓
「できることを、ひとつ変えるだけでいい」

\HINT/
25

大きな問題には手をつけない

一日の終わりに、「今日の一日を思い出してみましょう」といわれたら、あなたは、どれだけのことを思い出すことができるでしょうか。

ともすれば、朝、何を食べたのかすら思い出せないこともあります。せわしい一日を送っている人であれば、なおさらでしょう。「小さな出来事」や「小さな問題」は、あなたの頭の中をつい素通りしてしまいがちです。

けれども、

「小さなことこそが、大事ですよ」

と言われたら、あなたはどんなふうに感じるでしょうか。

「そんなの面倒くさいなあ。小さいことをいちいち覚えていたら、身がもたないよ」

そう思う人も少なくないでしょう。

大きな問題も小さな問題も根っこは同じ

でも「小さなことを大事にできない」人は、「大きなこともできない」。そう言っても過言ではありません。

たとえばあなたが、人との関係で悩んでいるとしたら、その相手はだれでしょうか。

あなたの両親、職場の人間関係。それとも恋人、夫婦、友人関係でしょうか。もしあなたの、職場の人間関係で問題が起きているとしたら、あなたは友人関係でも、同じ問題が起こっている可能性が高いでしょう。

あなたの親子関係でそれが起こっているとしたら、それは、恋人関係でも起こるでしょう。

小さな出来事の中で問題が起これば、大きな出来事の中でも同じ問題が起きます。

なぜならそれは、あなたの「生き方のパターン」で起こっているからです。

一個の正三角形を頂点に、上から「1」「3」「5」「7」と下に並べていくと、正三角形の合計が16個集まった、さらに大きな正三角形ができあがります。

小さな正三角形、大きな正三角形は、その中にいくつあるでしょうか。

これを相似形（フラクタル）といいます。

実は、あなたに起こっているさまざまな出来事も、この正三角形のように、大きさや重要さは異なるとしても、同じようなパターンで繰り返されている「フラクタル」な出来事だといえるのです。あなたの日常のどこを切り取っても、金太郎飴のように、同じパターンを繰り返しているあなたがいます。

マクロの世界にあなたがいれば、ミクロの世界にもあなたがいるのです。

だから、「小さなこと」を変えていく

これまであなたは、「小さな出来事なんて、取るに足らないものだ」と無視してきたかもしれません。けれども「大きな問題」も「小さな問題」も、起こ

り方のパターンは相似形です。

ですから、日常の「小さな問題」にじっくりと取り組むことができれば、あなたは「大きな問題」も解決できるようになるでしょう。

小さな問題で「生き方のパターン」を変えることができれば、まるでオセロゲームのように、いくつもの他の問題もパタパタと一気に好転していくのです。

だからこそ、「小さな問題」を大事にしてほしいのです。

そうすれば、あなたの間違ったパターンによって起こるはずの「大きな問題」も、未然に防ぐことになるのです。

毎日を変える
POINT

「小さなことにこだわっていたら、身がもたない」
↓
「小さなことをていねいに扱っていこう」

\HINT/
26

成功することにOKを出す

前項で、自分の「生き方のパターン」を変えるために、「ひとつの場面を、ていねいに扱っていきましょう」と言いましたが、それでも、「そんなのんなきことをやっていたら、一生かかっても間に合わない」と、先を急ぐような気分になる人はいませんか。

あなたがそう否定したくなったら、まさに、あなたは、無意識のところで「成功できない」と思い込んでいます。

もしあなたが、「なるほど、確かにそうだな」とうなずくことができたら、あなたの無意識は「成功する」ことにOKを出しています。

「なるほどなあ、そうかもしれない」と、いま、ふとそう思ったら、あなたは、この瞬間から、成功することにOKを出し始めるでしょう。

「成功することに、OKを出す？」

こんな言葉を、ふと、疑問に思った人はいませんか。

いいえ、間違ってはいないのです。

うまくいくことに、恐れを抱いていませんか？

あなたは、無意識のところで「成功するか、しないか」を、あなた自身が、自分で決めています。

成功することにOKを出していない人は、仮に成功しても、成功することに「なじんで」いません。そのために、ついつい、無意識に、その成功を壊してしまいたくなるのです。

もしあなたが成功したとすると、次に、どんな考えが頭によぎるでしょうか。

「こんなに、うまくいくはずがない」

「うまくいっても、きっとどこかに落とし穴があるに違いない」
「今回は成功したけれども、ずっと成功したままでいられるのだろうか」
「この後に、かならず悪いことが起こるに違いない」

などとつぶやいて、成功している状態に「居心地の悪さ」を感じます。これが「成功するのに、ＯＫを出していない」意識です。「成功になじんでいない」というのは、こういうことなのです。

もしあなたが、成功した後、こんなふうにつぶやくとしたら、あなたは、自らその成功を捨てていく可能性があります。

なぜならあなたは、「成功し続けることに、恐れを抱いている」からです。

いまの幸せが未来の幸せを保証する

成功も幸せも、その「原理」は同じです。

もしあなたが、「成功と幸せ」を望むなら、この瞬間から、「いまの瞬間の幸せと成功」を実感しましょう。からだで、「成功と幸せ」の感覚を味わいましょう。

いまの瞬間の「成功と幸せ」を実感できれば、あなたは、明日も、明日起こるであろう「成功と幸せ」を実感できるはずです。

明日も「明日の成功と幸せ」を実感できれば、また翌々日にも、それを実感できるでしょう。

そうやっていまの瞬間の「成功と幸せ」を実感できるなら、あなたは十年後も、「十年後の成功と幸せ」を実感できるから、あなたの側には、常に「成功と幸せ」があるのです。

毎日を変える

POINT

「いつか、悪いことが起こるんじゃないか、失敗するんじゃないか」
↓
「いまの幸せを感じよう」

\HINT/
27
あなたの望みはすべて叶う

どんな丈夫な人でも、熱を出して寝込んだことはあるでしょう。

そこでちょっと、あなたが病気になったときのことを思い出してください。

それは、いつのことですか。

病気になったとき、あなたをとりまく環境や状況はどうなっていましたか。

こんなふうに改めて聞くのは、あなたが病気になったとき、心の中で何を考えていたかを思い出してもらいたいからです。

たとえばあなたは連日の残業で疲れがたまっていて、心の中では「休みたい」と思っているとします。けれども職場を見回すと、みんな一生懸命働いていて、自分だけ、

「あしたは休みます」

などとは、とても言い出せない雰囲気です。

「今日は少し早く帰れそうだ」

というときにかぎって、ほかの人の仕事も回ってきて、

「断りたい」

そう思いながらも、断ることができないあなたがいます。

あなたは心の中で思いをめぐらし、気に病みます。

休みたいけど、休めない。休んでしまうと、「ずる休みしたんだろう」と言われてしまうんじゃないだろうか。「みんなが頑張ってるのに、よく平気で休めるな」などと、責められるんじゃないだろうか。

すべての望みを叶える無意識のコンピュータ

そこであなたの無意識が、知恵を働かせるのです。

「休むというのは言いにくいから、黙って仕事を休める方法はないだろうか」

「休んでも、文句を言われないやり方はないだろうか」

「ついでに、よく働いてるからと、自分の努力も認めさせたい」

そんなあなたの願望を達成しようと、無意識のコンピュータは、ものすごいスピードで情報処理をして、

「そうだ、そうだ、いま、食欲がなくて、抵抗力が落ちている。風邪菌にも感染しやすくなってるぞ。気力も衰えているから、いまだったら、すぐに体調を崩すことができそうだ。うん、大きな病気は嫌だけど、風邪を引いたら、ぜんぶの望みを叶えられるぞ」

という答えを弾き出すのです。

こんな無意識の「望み」が、あなたに風邪を引かせるのです。


意識の上では否定しても……


「でも、私は風邪なんて引きたくなかった」

あなたは、そう反論したいかもしれません。

ところが、あなたは心の中では「休息をとりたい」と強く思っています。そ

の一方で、休んではいけないと思っていたり、「休む」とも言えません。

こんな矛盾したあなたの気持ちを、矛盾なく叶えるために「風邪を引く」というのは、なかなか手の込んだやり方だと思いませんか。

主張することを恐れていると、主張しないですむ場面をつくり出します。

一見それは、自分にとってマイナスのようでも、あなたの無意識は、あなたの矛盾する望みさえクリアーして、すべてを叶えようとしてくれるのです。

こんなふうに、どんな場合も、その中には必ず「あなたが無意識に望んでいることが実現する」というメリットがあるのです。

毎日を変える
POINT

「疲れても、やらなければいけない」
↓
「からだが訴える望みを叶えてあげよう」

\HINT/

28

マイナスのやり方であっても、目的は達成される

ものごとには、「原因」と「結果」と、「目的」があります。

一般的には、「原因」と「結果」ということを話題にすることはあります が、「目的」ということが話題になることはほとんどありません。

それは、この「目的」というのは、無意識での話であるために、気がつかない人がほとんどだからです。

先ほどの風邪の例でいうと、

仕事で無理をしたので、体調が悪くなっていた。

これが「原因」です。

そのために風邪を引いてしまった。

これが「結果」です。

では、風邪を引いて寝込んでしまった「目的」とは、いったい何だったのでしょうか。この目的というのは、「メリット」と言い換えることもできます。

たとえばあなたが先の状況の中で、風邪を引いて寝込んでいるとしたら、それであなたには、どんなメリットがあるでしょうか。

そのメリットは、あなたが「それを得たい」と望んでいるものです。

それを得るのが、あなたが風邪を引いた「目的」でもあるのです。

その「目的」の中には、あなたが「避けたいもの」も隠れています。

どんな状況にもメリットはある

ここでいえば、あなたの無意識の中に隠れている思いは、

・自分の気持ちを中心にして「気持ちよく仕事を休む」ことができなかった。
・あなたは、「休みます」と、言葉で伝えるのを避けようとしていた。
・休むにしても、悪い印象を与えずに、許してもらいたいと願っていた。
・仕事を「よくやっていたから」と、ねぎらってほしいと望んでもいた。

・したくない仕事を、病気という理由で放棄できる。
・それでもみんなは、病気だからと、理解を示してくれる。
・病気になることで、「あんなに働かせるからだ」と、無言で上司に復讐ができる。

あなたのこのような無意識の「目的」は、あなたの家族や恋人にも向けられます。

・風邪を引いて寝込めば、相手がやさしく看病してくれる。
・ふだん我慢しているあなたは、心置きなく甘えることができる。
・家でのやりたくない役割を、避けることができる。
・愛されたい気持ちや、さびしい気持ちが満たされる。
・多少頑固なあなたは、「さびしいから側にいてほしい」などとは、口が裂けてもいえないので、病気は都合がいい。
・こんなに頑張っているのだと、アピールできる。

こんな「目的」が、風邪を引くだけで得られるのですから、いかにあなたの無意識が賢いか、十分にわかったのではないでしょうか。

「マイナスのやり方」をやめるには

とはいえ、わざわざ「病気になる」という「マイナスのやり方」で自分の願いを叶えるのは、できればやめていきたいものです。

そんなマイナスの方法をやめるには、自分の意志をもって、言葉で伝えて、自分のために、「気持ちよく休む」ことができればいいのです。

あるいは、甘えたかったり、愛情がほしいのなら、そう望む自分を素直に認めて、自分の気持ちを「素直に言葉で表現できればいい」のです。

毎日を変える

POINT

「休みたいけどみんなに悪い」

↓

「自分のために、気持ちよく休もう」

HINT 29

勝手に未来が好転する「エネルギー貯金」

あなたが「実感する」気持ちや感情や思考、五感の感覚のすべてが、エネルギーとして、実際に「ある」ものだというふうに思ってみましょう。

それはエネルギーとして実在していて、あなたの現実をつくっていく原材料になるものだという見方をしてみてほしいのです。

そのエネルギーはちょうど、お金と一緒です。

一円でもばかになりません。

気が向いたとき、軽い気持ちで貯金箱に入れていけば、けっこう、大きな金額になっていくものです。

お金が貯まれば、あなたが望むものを買えます。

こんな一円の貯金と同じように、あなたが「実感するすべてのもの」も、エネルギーとして蓄積されていきます。あなたがふだんから、肯定的な気持ちや感情や思考、五感を感じて味わっていけば、それが肯定的なエネルギーの貯金になるのです。

朝、あなたが起きて、日の光が「気持ちがいい」と肌で感じる実感が、一円の貯金です。ご飯を「おいしい」と味わっているとき、それが一円の貯金です。

今日、あなたが仕事の合間にするお茶が「うまい」と感じても、貯金が一円増えたことになります。

あなたが誰かに「ありがとう」と、感謝の気持ちが湧いて、さらに、その気持ちを素直に相手に「ありがとう」と伝えることができたら、二倍以上のエネルギーを蓄積させたことになるでしょう。

気持ちいいと感じることを増やしていく

どうでしょうか。

いま、あなたは、どんな気持ちになっていますか。

この文章を読んでいるあなたも、気持ちいいと感じているのではないでしょうか。これだけで、あなたは、あなたの未来をよくするための、肯定的なエネルギーを蓄積させたことになるのです。

この本をただ読み進めて、肯定的な気持ちを実感するだけでも、あなたは、かなりのエネルギーを蓄積させたことになります。

仮に肯定的な実感が、最初は一日に一回だったとしても、一円の貯金を気楽につづけていけば、やがて、あなたは、肯定的なところに気付き、それを実感するのが、当たり前のようになっているでしょう。

そうなれば、あなたの未来は、勝手にいいほうに好転していきます。

なぜならあなたの、そんな毎日の肯定的な実感の蓄積が、形となって実現していくからです。

プラスのエネルギーの蓄積が未来を開く

ですから、あなたがいま、将来の目標のために、何かを努力しているとした

ら、くれぐれも、

「こんなことしてて、意味があるのだろうか」

などと疑問に思わないことです。

それよりも、

「一円一円、貯金していけばいいんだ。これでまた、貯まったぞ」

と、「気持ちいい」エネルギーを蓄積させていってほしいのです。そうすれば、

「ああ、エネルギーの蓄積って、やっぱりほんとだったんだ」

と、納得する日が必ず訪れます。

毎日を変える
POINT

「いまの努力に、意味があるのかな」
↓
「いいエネルギーを貯金していこう」

\ STEP /

6

だから、新しいことをひとつだけ

いつの間にか自分が変わり、運命が変わる

HINT 30

「変わろうと思わない」ほうが変わる不思議

あなたがいま、焦る気持ちで「変わりたい」と痛切に思っているとしたら、「すぐに変わるのは、無理なんだ」とつぶやいてほしいものです。

それは、「あなたは変わることができない」といっているわけではありません。

「変わろう変わろう」と焦りながら思うのは、溺《おぼ》れながらもがいているようなもので、もがけばもがくほど溺れていくのと似ています。

溺れまいとして、手当たり次第にしがみつく。そんな心理状態が、すでに「変わるのは無理」だということの証しといえるでしょう。

その結果、そのすべてが中途半端に終わって、

「まだ、変わっていない。まだ変わっていない」

となりがちです。

ですから、結論をいえば、変わろうと思う必要はまったくありません。

これまでのあなたは、そのままでいいのです。

無理に変えようと、努力する必要もありません。

変わることができないと、思いわずらうこともありません。

変わろうとするよりも、これまでのあなたの言動パターンの中に、「すこし新しいパターンを加えてみよう」

これだけで十分なのです。

「従来のままでいいんだ。これまでの自分のパターンに、ほんのちょっと『これまでと違ったパターン』をプラスしよう。それをプラスできたら、あとは、いままでの自分でいてもいいんだ」

大上段に構えて変わろうとするよりも、これだったら軽く実行できそうな気がしませんか。

事実、あなたに必要な「違ったパターン」というのは、あなたが「こんなに簡単なことでいいの？」といいたくなるほど些細な方法です。

ところが、それをやり続けてさえいれば、あなたは確実に変わっていくのです。

ひとつだけ、新しいことをしてみよう

「いまのあなた」は、たとえていうと、ビーズ玉がびっしり詰まった容器です。

容器には、もはや、一粒のビーズ玉すら入りません。

この、びっしり詰まった容器の枠が、あなたを生きづらくしています。

その枠を外すには、どうしたらいいでしょうか。

単純に、一粒のビーズ玉をプラスすればいいのです。

一粒のビーズ玉を入れるためには、容器を大きいものに変えるしかありません。

「新しいビーズ玉」をひとつ加えようとするだけで、これまでの容器が通用しなくなります。

それは、これまであなたが思い込んでいた容器の外枠が、外れることを意味します。さらに、一粒のビーズ玉が加わることで、容器にびっしり入っているビーズ玉も、それぞれに影響を受けて、新しいバランスをとっていくことになります。

ここでいう一粒のビーズ玉が、「違ったパターン」なのです。

ですから、「いまのあなた」を無理に変えようとする必要はありません。

こんなふうに、一粒の新しいビーズ玉をプラスするだけで、「いまのあなた」は「未来のあなた」に変わっていくのです。

毎日を変える

POINT

「変わりたい！」

↓

「少し新しいパターンを加えてみよう」

\HINT/
31

自分が元気になる言葉を使おう

あなたが相手に対して「ありがとう」という言葉を口にするとき、それは、あなたが自分に感謝しているのと同じことです。

人によっては、会社では「ありがとう」と言うけれども、家族には「照れるので言わない」という人がいます。

あるいは、「ありがとう」よりも、「すみません」という言葉を多用する人も少なくありません。

あなたはどうでしょうか。

そこでまず、「ありがとう」とふつうの声で言ってみてください。

どんな気持ちがしますか。

では「すみません」を言ってみてください。

どんな気持ちがしますか。

「ありがとう」と「すみません」の違いを、感じることができますか。

もちろん、どちらの言葉も大切です。

ただ、その言葉を、どういうときにつかっているかです。

あなたが「すみません」と言うとき、卑屈な気持ちでそれを言っていませんか。

あるいは、口癖のように「すみません」と言うので、卑屈な気持ちになってしまうということになっていませんか。

もしそうだとしたら、この瞬間から「ありがとう」に変えていきましょう。

卑屈な気持ちで「すみません」をつかっていると、それだけで「卑屈な生き方」になっていきます。

その人生が、「ありがとう」と言うだけで一変してしまうのです。

言葉というのは、言葉そのものが、あなたのからだと響き合っています。あなたが考えたり感じたり、発する言葉が、あなたのからだに影響を与えているのです。言葉には、細胞を生き生きとさせたり、萎縮させたりする威力があります。

「ありがとう」という言葉は、細胞を最も活性化させる言葉のひとつです。その響きそのものが、調和のとれた美しい言葉なのです。

心にかなう言葉を口にする

もちろん「ありがとう」の言い方も問題です。

形式的な「ありがとう」では意味がありません。

たとえば、あなたが上司に注意を受けたとします。

あなたは「上司だから」と、しぶしぶ「ありがとう」を言いました。

心の中では、そうは思っていません。

このときの「ありがとう」は、あなたの心と行動が一致していないので、あなた自身、気持ちがよくないと自覚できるはずです。

そんなときは、「ありがとう」と言わないほうが、まだ、あなたの心にかなっています。無理に「ありがとう」と言ったり、機械的な「ありがとう」を繰り返していると、感謝の気持ちそのものが、感じられなくなっていくでしょう。

あなたが心から言えるときに言う「ありがとう」が、ほんとうの感謝です。

そんな気持ちで言う「ありがとう」に価値があるのです。

それは同時に、自分に対して感謝していることにもなります。

あなたが人に「ありがとう」と言っているときは、あなたが自分に向かって「ありがとう」と感謝していることと同じなのです。

毎日を変える
POINT

「すみません」
↓
「ありがとう」

\HINT/
32

自分が信頼できる「よい循環」の作り方

あなたが自分に自信をなくしているのだとしたら、

・なかなかできない。

・とても難しい。

こんな言葉を常套句《じょうとうく》にしていないでしょうか。

いま、この二つの言葉を、つぶやいてみてください。

どういう気持ちになりますか。

これだけで「人生は困難に満ちている」、そんな気分になってきませんか。

でも、あなたがそんな気分になったのは、単に、この二つの言葉をつぶやいたからに過ぎません。

しかもこんな言葉をつぶやくと、次は、

「どうせ、やってもだめだから」

という言葉になりがちです。

仮にあなたが、重い腰をあげて行動したとしても、「できない」とつぶやく
のが口癖になってるいると、

「やっぱり、だめだった」

と、わざわざ、できないところをみつけだしていくでしょう。

その結果、あなたはますます行動するのを恐れて、みすみすチャンスを逃し
ていくのです。

悪循環の原因は？

その同じ状態を、別の人がみれば、

「そんなことはないよ。うまくいったじゃないか。まずは上々だよ」

と言うかもしれません。

うまくいく人は、そのうまくいったところに目がいって、勇気をもちます。

それを力に、また、行動しようと思うのです。

ほんとうは、たくさんうまくやっているところがあるはずです。

ところがあなたは、「どうせ、やってもだめだから」と固く信じています。

そのために、かたくなに「だめな点」しかみようとしないのです。

そして自信をなくしていきます。

こんな悪循環に陥ってしまう原因をたどれば、結局は、二つの言葉を日常的につぶやいているからです。

心のつぶやきは自分にかける魔法

それでは、この悪循環を断ち切るためには、どうしたらいいでしょうか。

簡単です。

「なかなかできない。とても難しい」

この二つの言葉を「できるだけつかわない」ようにしましょう。

あなたが努力するのは、これだけです。

こんな努力だったら、つづけられると思いませんか。

また、それに代わる言葉として、

「やってみても、いいかもしれないな」

とつぶやいてみるのもいいでしょう。

あるいは、つい、二つの言葉をつかってしまったときは、

「いやいや。むずかしいと勝手に思い込んでいるだけなんだ」

こんなふうに打ち消す言葉をつぶやいてみるのも効果的ではないでしょうか。

毎日を変える

POINT

「なかなかできない。とても難しい」
↓
「やってみても、いいかもしれないな」

HINT 33

ハードルを低くして、できることからやってみる

職場でむずかしい仕事を任されたとき、できないところを「できない」と言うのが怖い。

怒鳴られると、萎縮《いしゅく》して、何も言えなくなってしまう。

用事を頼まれると、断ることができない。

自分の気持ちが伝えられない
素直に謝ることができない。

といったことで悩んでいるとき、あなたは、「自分から行動していかなければ、解決しないいんだ」とわかっていながら、結局、あきらめてしまってはいませんか。

たとえば、上司に、

「怒鳴られると萎縮して逃げたくなってしまうので、やめてください」と、はっきり伝えるのがあなたの「目標」だとします。

でも、現実的には「なかなかできない」。こんなときは、「もっとハードルを低くして、できるところからやっていこう」という言葉をつぶやくことからはじめましょう。

小さな成功体験が人生を変えていく

このつぶやきも「低いハードル」のひとつです。

「急ぐことはない。こんな問題は、何十年も悩んできたことだから、すぐにできるようになりたいと願うほうが無茶なんだ」

「いつか、言えたらいいな」

そうつぶやいて、あなたの気持ちが少しでも楽になったら、そうつぶやいた瞬間、あなたは、「小さな成功」を達成したのです。

「はっきり話すことができる」将来のために、「いまできることは、なんだろう」と、計画的に自分を育てていくのが大切です。

それには、最初から「できるところ」を設定して実行します。「低い低いハードル」であっても、確実にできるほうがいいのです。

それが成功すれば、「100%の成功例」となります。

あなたにとって何よりも大切なのは、「成功体験」を感覚で実感することなのです。

成功体験の体感が積み重なっていくと、あなたの無意識は、勝手に成功するほうを選択しはじめるからです。

だから、上司に「さあ、今日こそは、何が何でも主張するぞ」などと意気込む必要はありません。まずはしっかりとした口調で「おはようございます」と、気持ちよく挨拶をすることからはじめてみるといいでしょう。

それが「今日の目標」だとしたら、それ以上に欲張るのは禁物です。

そうすれば、いつも100%成功することになります。

こんなふうにしながら、計画的に、一段一段ハードルを上げていきましょう。

成功しなければ、成功するところまでハードルを下げればいいだけです。

どんなに低いハードルでも、これまで「できなかったこと」が「できるようになる」のですから、あなたにとっては、とても大きな成果なのです。

そして、

「うまくいったんだ」

こんな「成功の実感」を、あなたが積み重ねていくたびに、未来は勝手に開けていくのです。

毎日を変える

POINT

「なかなか言えない」
↓
「いつか、言えたらいいな」

\ HINT /
34

「言いたいことが言えるようになる」単純なレッスン

いまあなたは、どんな環境の中で過ごしていますか。

もしかしたら、あなたは、

「こんな環境だから、自分を生かせないんだ」

「もっと環境が整っていれば、それなりの仕事ができるのに」

などと、ぼやいたりしていないでしょうか。

しかしそうやって環境のせいにしてしまうのは、実は、自信がないからかもしれません。そんなときは、

「たったひとつ行動するだけでいいんだ。できることをできるところからやりつづければ、それが自信につながっていくんだ」

そうつぶやいてみましょう。

その瞬間から、あなたが「これまでやっても無意味だ」と思っていたことに、やる「価値」を見出すに違いありません。

もし「言いたいことがあっても、黙ってしまう」あなたがいるとしたら、日常の、ほんのささやかな場面で、トレーニングを始めましょう。

その際、これまでと明らかに異なるのは、漫然とそれをやるのではなく、自覚をもってやるということです。

あなたの感じ方の感覚のほうに焦点を当てて、あなたの「声の気持ちいい響き」や「表現する気持ちよさ」「意志をもつ気持ちよさ」「行動する気持ちよさ」などを、感じながら実行するのがポイントです。

日常生活でできるトレーニング

たとえばコンビニエンスストアで、

「領収書をください」

と頼むとします。

このとき「できるだけ気持ちよく声を出す」というのが、「目標」です。言葉を飲み込んでしまう人は、こんな練習で、言葉が出やすくなっていきます。

ふだん、人の目を気にしながら、おずおずとしゃべる人は、それを繰り返すたびに、平気になっていくのが「目標」です。

自覚してやっていけば、言葉を飲み込んでしまう自分から解放されて、「自発的に発言する私」が育ちます。「私が意志をもって、相手に依頼する」気持ちよさが感じられるまで続けましょう。

気持ちよく「お願い」する

自己信頼の高い人は、相手に「依頼したり、協力を求める」ことができます。ですから、気持ちよく依頼できるようになったら、自分の価値を少し高くすることができたのだと思ってください。たとえば、コンビニで、

「袋はいりません」

「もう少し、大きめの袋に入れてください」

など、依頼する材料はどこにでも転がっています。

マンション暮らしのあなただったら、誰かがエレベーターの扉を開けて待っていてくれたら、「すみません」より、「ありがとう」と言ってみましょう。

反対に、あなたがエレベーターに急いで飛び込みたいときは、

「乗りますので、待ってください」

と声をかけてみましょう。もちろん、そのときお礼の言葉も忘れないで。

こんなふうに、いままで無意識にやっていたことでも、やり方次第で、自己信頼を育てることができるのです。

毎日を変える
POINT

「こんなことをしても無意味だ」
↓
「たったひとつ行動するだけでいいんだ」

HINT 35

自分を縛る鎖の断ち切り方

あなたは相手に突っ込まれたとき、ついつい、言い訳をしたり、くどくどと言ったりしていませんか。

たとえばあなたの親に、

「もう一人前なんだから、それぐらいできなくてどうするんだ」

「もう、そろそろ結婚してもいい年なんだから、いい人はいないの」

などと言われてしまいました。あなたにとって耳の痛い話です。

気にしていることだけに、苛立《いらだ》ちます。

聞くに耐えない言葉に、あなたは、それをやめさせようとします。

けれども、そうやって相手にかかわっていけばいくほど、争いに発展していきます。

それは、あなたが自ら傷つきにいくようなものです。

でも、どうしてそうやって、食い下がっていくのでしょうか。

それはあなたの心の中に、

「相手に、自分のことをわかってもらいたい」

「何が何でも相手にわからせたい」

そんな気持ちが潜んでいるからです。

感情的になったら、話を切り上げる

そんなあなたは、心のどこかで、

「相手が自分のすることを許してくれないと、行動できない」

と思い込んでいます。

だから、相手が自分のことをわかってくれるまで、突っ込んでいったり、食い下がっていってしまうのです。

そんなとき、あなたは「イライラしたり、腹が立ったり」しています。

こんなふうにあなたが感情的になってしまいそうなときは、「これ以上、話をしても無理なんだ」と心得ましょう。

「自分が決める」と言ってみよう

そんな争いを避けるため、

「相手に認めさせようとするより、私が決断すればいいんだ」

こうつぶやくと、どんな気持ちがしますか。

「ああ、そうか、自分がきっぱりと、判決のように言い渡せばいいんだ」

その決断が正しくなくてもいいのです。

間違っていてもかまいません。

まだ、どうするか、決めていなくてもいいのです。

気持ちが決まらないときは、ゆれたままでいいのです。

それでも、こんなふうに答えましょう。

「忠告ありがとう。心に留めておくよ」

「手伝ってくれるのはありがたいけど、私、自分でやってみたいんだ」

「それについては、僕も考えているから、少しそっとしておいてくれないか」

「できるだけやってみるから、待ってくれ」

「それを言われると、私だって悩んでいるんだから、つらいよ」

「それは僕が決めることだから、もう、言ってほしくないよ」

「必要なときは、私のほうからお願いするから、何も言わないで」

あなたが決断して口にするその一言で、相手は黙って引き下がるしかないのです。

毎日を変える
POINT

「うるさいな、黙っていてよ」
↓
「相手に認めさせようとするより、私が決めればいいんだ」

\HINT/
36

「被害者意識」は、我慢しすぎのサイン

自分の気持ちを言葉で表現したり、意志をもって行動していけば、「その結果」はたいして気にならなくなっていきます。

結果よりも、そんな表現や行動が、あなたの自負心を高めていくからです。

たとえば、あなたが相手の言いなりになっているときは、あなたは、相手に負けたと感じています。

「負けた」という思いや、相手に「従わされている」という思いは、別の言い方をすれば「被害者意識」といえるでしょう。

もちろん被害者意識が悪いといっているわけではありません。

問題なのは、被害者意識に陥っていると、自分自身がつらくなることです。

こんなつらさは、できだけ少ない生き方をしたいと思いませんか。

あなたがもし、こんなつらい気持ちにとらわれているとしたら、それは、あなたが、自己表現したり、行動したりしていないからだといえるでしょう。

あなたが誰かにこだわったり、何かにこだわってしまうのは、そういうときなのです。被害者意識は、あなたが受け身の立場で我慢しているときに芽生えるのです。

「できた」ところに目を向ける

自分の頭の中に、相手のことがこびりついていたり、心が何かにとらわれてつらくなっているときは、

「できることから表現しよう」

「できる行動をしよう」

そうつぶやいてみましょう。

実際に実行できなくても、そうつぶやくだけで、少し勇気が湧いてくるでしょう。

最初は、そんなつぶやきを繰り返して、それを実感するだけでいいのです。もしあなたが少しでも、表現したり、行動したりしたときは、「これが言えた。これができた」と、その結果よりも、「できた」ところに目を向けて、それを実感しましょう。

なんとなく、晴れ晴れとした気分を感じるはずです。覚えておいてください。それが「自己信頼」の感覚です。

その「実感」を重ねるたびに、あなたの自負心も育っていきます。

無理をしなくてもその「実感」が積み重なっていくほどに、自然と、自己信頼も高くなっていくのです。

自分を認める言葉をかけよう

決して無理をしないで、
「できることはやった」
「できる努力はした」

「言えることは言ってみた」

「できる行動はしてみた」

とつぶやいてみたり、あなたがこれまで実行したことを思い出してみると、どうでしょうか。仮に望む結果が得られないとしても、

「けっこう、努力しているな。うん、よくやっているな」

と、自分に対して、そんな気持ちになるはずです。

「表現する、行動する」ことで、自負心と自己信頼が育ちます。

それは、会社のためでも、相手のためでも、家族のためでもありません。

それは、あなた自身の未来のためなのです。

毎日を変える
POINT

「従わされている」
↓
「これが言えた。これができた！」

\HINT/

37

あなたは日々、成長している

あなたが「もっと違った自分になりたい。変わりたい」と考えているとき、あなたは、頭の中で、それこそ劇的に変身している自分を想像していないでしょうか。

みすぼらしいシンデレラが、王子様の妻になる。

貧乏ぐらしをしていた人が、次の日には、大金持ちになっている。

出世コースから外れていた人が、一夜明けると、社長に迎えられる。

能力のない人が、翌日には、大天才になっている。

あなたが、どんなに努力しても、「私は、まだ変わっていない。まだできていない。まだ完全でない」と、つい、つぶやいてしまっているとしたら、あなたは、知らず知らずのうちに、こんな「劇的に変身する自分」を期待しているといえるでしょう。

むろん、それを実現させるのが不可能だといいたいわけではありません。

ただ、あなたの「本質の目的」は別のところにあると知ってほしいのです。

それは、物質レベルでの変身ではなく、精神レベルでの変身なのです。

仮にあなたが「変わりたい」と望まないとしても、あなたの本質は、精神レベルでの成長を無条件に優先します。

それは、私たちの中に、根源的に、成長欲求があるからなのです。

そういう意味で、誰もが日々、変身しています。

それに気づかないのは、あなたが気づこうとしていないだけなのです。

自分の成長を実感する

ここでイメージしてみましょう。

頭の中で、「らせん形」を描いてみてください。

あなたがイメージしている「らせん形」は、同じ円を描きながら、上へ上へとのぼっていきます。

そのらせん形が、あなたが経てきた年月です。そのらせん形を、真上からみてみると、同じ円にみえます。けれどもそのらせん形を横からみると、形は似ているけれども、明らかに違った場所にいます。

あなたが「まだ、変わっていない」とつぶやいてしまうのは、あなたが、らせん形を、真上からみてしまうからです。

でも、真横からみると、らせん形は、同じパターンを描きながら、確実に、上へと上昇していきます。

むしろ、「同じ形」のらせん形だからこそ、「一年前のあなた」「六年前のあなた」「十二年前のあなた」というふうに、その違いがよくわかるのです。

自分を育てるよろこびを実感する

あなたが、「過去の自分」と「いまの自分」との違いや、その成長ぶりに気づいていくと、「なかなか変わらない」というつぶやきが、

「私はこんなに変わったたし、日々、変わっているんだ」

というつぶやきになるに違いありません。

誇張ではなく、このつぶやきだけで、あなたの人生は一変するでしょう。

自分では変化していないように感じるとしても、あなたの人生は、このらせん形のように、確実に成長し、上昇しています。

まさにあなたがそんな自分の変化に気づくとき、それこそが「よろこびであり、幸せであるのだ」と実感するでしょう。

そして、あなたの日々のそんな「よろこびや幸せ」の実感が、同時に物質的な豊かさをも、もたらしてくれるのです。

毎日を変える
POINT

「もっと違った自分になりたい」
↓
「私はこんなに変わったたし、日々変わっている」

\OMAKE/

+1

こうするだけで、心に羽根がはえてくる！

単純に実行すれば、
簡単に未来が開けてくる

HINT 38

からだの緊張をとくと、心もゆるむ

自分の気持ちや感情を抑えて、やりたいことを我慢してしまうと、頭の中で、否定的なことばかり考えてしまうものです。

こんなとき、あなたは自分が、どういう表情をしていると思いますか。

我慢しているときの、自分の姿を想像してみてください。

眉間《みけん》に、深いシワが寄っているのに気づいていますか。

歯を食いしばり、顔の表情をこわばらせています。

肩には力が入っているはずです。

みぞおち辺りが硬くなり、我慢しているために、つい踏ん張って、息を止めてしまうのではないでしょうか。

では、頭部のほうには、どういう感覚を感じますか。

ふだんのあなたは、頭が痛かったりしない限り、自分の頭が、どういうふうに緊張しているかなど、考えもしないでしょう。

でも、頭の状態を感じてみると、頭のどこかの部分が緊張していて、不快感を感じているはずです。

あなたが意識しているいないにかかわらず、あなたが我慢して、頭の中で否定的なことに思いを巡らしているとき、こんなふうに、あなたのからだも心も、そして脳も緊張しているのです。

行き詰まったときはリラックス！

言い方を換えると、あなたの心とからだと脳が緊張しているときは、どんなに考えても、いいアイデアや解決策はみつかりません。

そこで、簡単なリラックス方法を実践してみましょう。

まず、イスに座るか仰向けになりましょう。

もっとも簡単なやり方は、その状態で、全身に力を入れます。

目も、口も、首、肩、お腹、お尻、手足も。

からだを縮ませるように、一気に力を入れてください。

全身を緊張させたら、その状態を実感してください。

そのまま実感しながら、少し溜めてから、力を一気に抜きます。

全身の力を抜いたとき、どんな感じがしますか。

力を抜いてリラックスした状態を、ていねいに感じていきましょう。

力が抜けているときの、あなたの額や目のあたりは、どんな感じがしますか。

口のまわりやアゴは、どんなふうになっていますか。

首はどうでしょうか。

肩が、楽になっているのが実感できますか。

みぞおちとお腹の力が抜けていますか。

これらの部分は、多くの人が、いつも力を抜くのを忘れてます。とくに、繰り返しやって「力が抜けている」状態を、からだで覚えましょう。

こんなふうに「ていねいに感じていく」のは、あなたのからだに、その「リラックス感」を教えてあげるためです。これが重要なのです。

もっとていねいに「リラックス感」を覚えるためには、からだの各所をひとつずつやっていくといいでしょう。

こんなふうに、「自分を大事にする」というのは、「自分のからだを大事にする」ということでもあるのです。

毎日を変える

POINT

「自分を大事にするってどういうこと？」
←
「まず、自分のからだを大事にしよう」

\HINT/
39

イライラ、もやもやを吹き飛ばす呼吸の仕方

悩んでいるとき、あなたは、自分がどんな呼吸をしているか気づいているでしょうか。

ちょっとここで実験です。

まず、あなたのいまの呼吸を、観察しましょう。どんな呼吸をしていますか。どんな吸い方をして、どんな吐き方をしていますか。そのとき、あなたの気分はどうなっているでしょうか。

それを覚えておいてください。

こんどは、

「速く、浅く」

こんな呼吸をしてみてください。

「速く、浅く」呼吸をしていくと、あなたの気分はどうなっていきますか。

不安が出てきませんか。

気分がもやもやしてくるかもしれません。

焦りが出てくる人もいるでしょう。

イライラして、怒りたくなる人もいます。

あなたが悩んでいるときは、知らず知らずのうちに、こんな呼吸になっています。

あなたの呼吸が、いかに、あなたの気持ちや感情を反映しているかが、納得できたのではないでしょうか。

気持ちが落ち着く呼吸法

次は、前記したやり方で全身をリラックスさせましょう。

それから、ゆっくりと呼吸をしてみます。

「鼻から吸って、口から吐く」

こんな呼吸をゆっくりと、十回ほどやってください。

とくに吐くとき、吐く息に合わせて、肩の力や全身の力を抜いていきましょう。これが大事です。

どうでしょうか。いつの間にか、イライラやもやもやが消えていませんか。全身の力が抜けて、気持ちが落ち着いているでしょう。

「悩んでいるときの呼吸」と、「リラックスしているときの呼吸」との差を、からだで感じてみてください。

呼吸だけで、こんなにも違うのです。「吸う息」と「吐く息」とのバランスがとれた適切な呼吸をすると、これだけで、自律神経のバランスも整ってきます。

意志を育てる呼吸の仕方

ではさらに、

「下腹部あたりに、口がある」

とイメージしてください。大きな口です。

お腹の口のほうに意識を向けて、その口でゆっくりと呼吸してみます。

下腹部を意識するだけで、呼吸が変わってくるはずです。

どうでしょうか。

下腹部の口でゆっくり呼吸をすると、さらに落ち着いてきたでしょう。

気分的にも、「リラックスしていながら、力強い」という感じがしませんか。それは、この呼吸が、よくいわれる「腹が座った」という呼吸だからです。

こんな呼吸に慣れていく、たったこれだけで、あなたの「意志」が育ちます。

毎日を変える

POINT

「早く、早くしなきゃ」
↓
「下腹部の口でゆっくり呼吸する」

\HINT/

40

声の出し方ひとつで人生が変わる

あなたは「はい」と返事をするとき、どんな言い方をしていますか。ちょっと鏡をみながら、試してみましょう。

まず、下を向いて、目をそらした状態で「はい」と言ってみてください。どこか、卑屈な感じがしませんか。

では、もう一度、同じように目をそらして「はい」と言ってください。そのとき「はい」と言うと、あなたの気分がどうなるか、その感覚を感じながら声を出してみましょう。

まず、「はい」という言葉が出しづらいのではないでしょうか。

あなたの気分や、その感覚をみてみると、あなた自身が、「卑屈な自分」「自己信頼の低い自分」を感じるはずです。

「自分を認める感覚」をつかむ

ではつぎに、前記したリラックス法で、全身に力を入れてから、一気に抜いてください。全身の力、肩の力が抜けて、楽になっていますね。

その状態で、正面をみて、「はい」と言ってみてください。

鏡に、あなたの表情がどういうふうに映りますか。

おだやかで「美しい」と思いませんか。

では、もう一度正面をみて「はい」と言ってみましょう。

そのとき、「はい」という言葉で、あなたの気分がどうなるか、その感覚を感じながら声を出してください。

その「はい」は、あなたのからだにも、気持ちよく響くはずです。

では、あなたの気分のほうはどうですか。

素直さや、率直さが感じられると思います。

それが「自分を認める」感覚です。

人は、感覚になじんだ選択をする

さらにこんどは「力強い意志」を感じる「はい」の感覚を感じてみましょう。

まずお腹に、意識を向けてみてください。肩の力を抜いて、全身をリラックスさせて、へその下あたりに、大きな口があると、イメージしましょう。

お腹のその口で「はい」と声を出します。

どうでしょうか。

少し声のトーンが落ちて、声の響き方が、微妙に違うのを感じられますか。

気分的に、落ち着いた感じがするのではないでしょうか。

「自分の決めたことがＯＫ」だという感覚があると思います。

鏡をみると、リラックスした表情の中に、力強さがあらわれています。

この表情が最も「美しい」と、あなたも思うはずです。

この感覚が、気持ちよく「意志をもつ」ということです。

こんな「はい」を長年やっているだけで、知らず知らずのうちに「自己を認める」感覚、「自己信頼」の感覚になじんでいきます。

その感覚が当たり前になるほどなじんでくると、あなたは、知らぬ間に、その感覚になじんだ選択をするようになっていきます。結果として、「その感覚になじんだ」肯定的な選択をしていくのです。

「はい」という言葉ひとつでも、声の出し方によって、こんなに体感が違うのです。

あなたが日ごろつかう言葉を、気持ちよく言っていくだけで、あなたの人生も好転していくのです。

毎日を変える

POINT

「声の出し方を変えてなんの得があるんだ」
↓
「気持ちよく
響く声を出そう」

\HINT/

41

自分を育てる音読の効果

あなたの喋り方の中にも、あなたがあらわれています。

ドミノ倒しのように、ひとつが変わればすべて変わるという法則通りに、喋り方が変われば、あなたの意識が変わります。

たとえば、ゆっくり喋るトレーニングをしていくと、「落ち着く自分」を育てていきます。その落ち着きが、「意志」をもった自分にしていきます。

そこで、次のような文章で、読み方を練習してみましょう。

「結果を、急いで、やるよりも、プロセスを、大事にしていこう。

プロセスを、大事に、したほうが、結果として、うまくいく。

私が、いま、こんな読み方を、練習しているように、からだの感覚を、味わいながら、その気持ちよさを、感じながら、やっていこう。

それだけで、私は、無理をしなくても、勝手に、変わっていく」

まず、この文章を、「あなたがふつうに読むときの調子」で読んでみましょう。

読んでいるとき、どんな気持ちがするか、どんな感覚かを、チェックしながら読んでください。

どうでしょうか。

ふだん焦っている人は、読んでいるときも、その中に、焦りがあるのを感じることができるはずです。

呼吸がどうなっているかもチェックして、いまの「感覚」を覚えておきましょう。

次は、読み方を変えてみます。

ここで重要なのは、あなたが読み進めているときに感じる「感覚」です。

「読んでいるときの感覚」の「感じ方の練習」ですから、文章の内容を把握する必要はありません。それを実感しながら、「読点」「句点」のところで、必ず

「一呼吸」おいてから、次の文字に進みます。

息を吸って、吐いて、とくに肩の力が抜けて、落ち着いた「感覚の気持ちよさ」を味わってから、次を読みます。この「間」の気持ちよさを味わう感覚が、あなたの人生を根底から変えていくのです。

喋り方が変わると、次々に変わる

こんなふうに読み方のトレーニングをしながら、あなたの喋り方が変わっていくと、

・気持ちの切り替え、思考の切り替えがうまくなる。
・複数の問題をいっしょくたにして混乱していたとしたら、ひとつひとつに分けて処理する、問題解決能力がついてくる。
・物事に対して、けじめがつけられるようになる。
・合理的な判断や行動ができるようになる。
・しっかりと意志がもてるようになる。

もしあなたが、こんな読み方は、「よけいにイライラしてくる。舌がもつれる。詰まってしまう」などと感じるとしたら、そんな「焦り」を抱いている人ほど、この項目が重要だといえるでしょう。

あなたが感じる感覚は、あなたの無意識と直結しています。

読むときの感覚を変えて、その感覚に慣れていくだけで、あなたの無意識を変えることができるのです。

毎日を変える

POINT

「急いで結果を出したい」

↓

「一呼吸おくだけで、たくさんのメリットが得られる」

（本書は、2004年3月に大和出版から刊行された単行本『「いいこと」ばかりが起こる幸せの6ステップ』を加筆・修正して、改題したものです）

祥伝社黄金文庫

「もうムリ！」しんどい毎日《まいにち》を変《か》える41のヒント

平成24年9月10日　初版第1刷発行

著　者　石原加受子《いしはらかずこ》
発行者　竹内和芳
発行所　祥伝社《しょうでんしゃ》
〒101－8701
東京都千代田区神田神保町3－3
電話　03（3265）2084（編集部）
電話　03（3265）2081（販売部）
電話　03（3265）3622（業務部）
http://www.shodensha.co.jp/
印刷所　萩原印刷
製本所　ナショナル製本

Printed in Japan　©2012, Kazuko Ishihara　ISBN978-4-396-31588-7 C0195